失去的三十年
平成日本经济史

［日］野口悠纪雄 著

郭超敏 译

平成はなぜ
失敗したのか
「失われた30年」の分析

机械工业出版社
CHINA MACHINE PRESS

图书在版编目（CIP）数据

失去的三十年：平成日本经济史 /（日）野口悠纪雄著；郭超敏译 . -- 北京：机械工业出版社，2022.1（2025.6 重印）
ISBN 978-7-111-69815-9

I. ①失⋯ II. ①野⋯ ②郭⋯ III. ①经济史 – 研究 – 日本 –1989-2019 IV. ① F131.39

中国版本图书馆 CIP 数据核字（2021）第 260634 号

北京市版权局著作权合同登记　图字：01-2021-2352 号。

HEISEI WA NAZE SHIPPAISHITA NOKA—"USHINAWARETA 30NEN" NO BUNSEKI by YUKIO NOGUCHI.
Copyright © 2019 YUKIO NOGUCHI, GENTOSHA.
Simplified Chinese Translation Copyright © 2022 by China Machine Press.
Simplified Chinese translation rights arranged with GENTOSHA INC. through Bardon-Chinese Media Agency. This edition is authorized for sale in the Chinese mainland (excluding Hong Kong, Macao SAR and Taiwan).

No part of this book may be reproduced or transmitted in any form or by any means, electronic or mechanical, including photocopying, recording or any information storage and retrieval system, without permission, in writing, from the publisher.

All rights reserved.

本书中文简体字版由 GENTOSHA INC. 通过 Bardon-Chinese Media Agency 授权机械工业出版社在中国大陆地区（不包括香港、澳门特别行政区及台湾地区）独家出版发行。未经出版者书面许可，不得以任何方式抄袭、复制或节录本书中的任何部分。

失去的三十年：平成日本经济史

出版发行：机械工业出版社（北京市西城区百万庄大街 22 号　邮政编码：100037）
责任编辑：顾　煦　殷嘉男
责任校对：马荣敏
印　　刷：河北宝昌佳彩印刷有限公司
版　　次：2025 年 6 月第 1 版第 21 次印刷
开　　本：147mm×210mm　1/32
印　　张：8.25
书　　号：ISBN 978-7-111-69815-9
定　　价：69.00 元

客服电话：（010）88361066　68326294

版权所有·侵权必究
封底无防伪标均为盗版

| 前　言 |

本书主要从经济层面回顾整个平成时代。

在这个时代，我们这代人度过了50～80岁的人生，而且与上一代人共同推动了平成时代的发展。

对于昭和时代的经济人物，大部分人我只在书上了解过，见过面的人屈指可数。但是，平成时代的大部分经济人物都与我有着直接或间接的关系。

因此，从这个意义上来说，本书并不是单纯分析数据和罗列资料，而是真实记述发生在我身边的事。

上一代人推动了日本社会的发展。我们这一代人肩负着让日本社会与世界潮流融合的责任。正是因为日本与世界的差距，才让我们这代人有机会影响日本社会的发展。至少我们是拥有选举权的国民，政治层面的抉择并非与我们毫无关系。

那么，我们这代人就必须扪心自问："我们完成使命了吗?""前辈打下的基础得到发展了吗?"很遗憾,我们失败了。

如果用一句话概括这三十年,那就是日本经济被世界经济的浪潮远远甩在身后。整个平成时代,日本经济的国际地位持续下降。

然而,问题的关键在于,日本经济落后于世界并不是因为努力过了但没能跟上时代,而是因为在世界经济发生巨大变化的时候,日本并没有感知到,所以才落后了。日本并没有意识到改革的重要性,面对大环境的变化也没采取任何措施。

世界瞬息万变,要想保住原来的位置,就要不断前行,一刻也不能停下。然而日本却一直止步不前,因此也没能保住原来的位置。这也验证了美国生物学家范·瓦伦的红皇后假说[一]。

1997年,马丁·马利亚(Martin Malia)出版了《苏联的悲剧》一书。书中提到,70年间发生了很多惨剧,国家成了一片废墟。人们从一片废墟的噩梦中觉醒了"。

事实上,日本也有着相同的经历。幸运的是,日本并没有

[一] 红皇后假说是美国生物学家范·瓦伦提出的。这个词来自英国数学家刘易斯·卡罗尔的童话《爱丽丝镜中奇遇记》(《爱丽丝梦游仙境》的续篇)。故事中,爱丽丝穿过镜子来到了奇幻世界,红皇后是该世界里的一枚棋子,她告诉爱丽丝,在这个世界里,人必须不停奔跑才能留在原地。范·瓦伦根据这个典故为自己的生物进化理论命名,即红皇后假说。——译者注

变成一片废墟。但是等到日本人反应过来的时候,世界已经完全变样了。

"失去的二十年""失去的三十年"成了日本国民常挂在嘴边的话。不得不说,平成时代确实是这样一个时代。从这个意义上来说,本书是检讨我们这代人为何失败的报告,是一本反省自我的书。

因为我们没有完成使命,所以改变日本的重任又不得不委托给下一代人。而从这个意义上来说,本书是我们这代人向下一代人交代任务的书。

平成时代结束后,日本国内掀起了回顾平成时代的热潮。不少媒体报道了以"回顾平成时代"为主题的特辑。

回顾一个时代,我们不仅仅是怀念过去,更重要的是反思过去,找到日本在平成时代失败的原因,这样才能让回顾平成时代的热潮变得有意义。

本书正是从这个观点出发,全面分析平成时代的经济,并且思考在对于日本经济至关重要的岔路口,日本真正应该做什么。

书中提到的问题也与目前日本经济所面临的问题相关。此外本书还探讨了未来的日本应该做些什么。

本书主要对日本经济进行分析,同时也涉及世界经济,尤其对中国的发展和巨变做了深刻分析。

本书的核心内容是分析平成时代的日本经济。但是，要回顾平成时代的三十年，难免会有许多感慨。

我身边的很多人都是受时代巨变的影响，人生轨迹完全改变了。有的人已经离开了人世。他们之中的很多人是比我们这代人还要年长的上一辈、上上一辈，有的人是我的老师或者是直接上司，甚至有的人是与我处在一个时代的人以及我的朋友们。生离死别就发生在我的身边。

当然，我的生活方式也完全改变了。因此本书也记述了一些我个人的回忆。

本书的目标读者不仅仅是经济领域人士，同时也想供普通大众读者阅读。因此书中很少使用经济学专业术语。如果文中有必须要用到经济学相关专业术语之处，会特别加以解释说明。

从经济层面上分析，平成时代大致可以分为三个时期。

第一个时期是20世纪90年代。在这个时期，日本泡沫经济崩溃，日本经济遭受了沉重的打击。一直以来支撑着日本经济的金融机构也都纷纷倒闭。这一部分内容将在第一章到第三章中阐述。

第二个时期是从2000年开始到2010年的这十年。在这一时期，日元不断贬值，日本经济也在逐渐恢复。但实际上都是一些虚假现象。2008年的雷曼事件导致日本经济的恢复进程戛然而止，出口产业受到了严重的冲击。关于这一时期的内容将在第四章到第六章中详细分析。

第三个时期是2011年以后的这几年。这一时期的相关内容在第七章到第九章会详细记述。

以下是各个章节的主要内容概述。

第一章是"日本人没有觉察到泡沫经济的崩溃"，记述了从20世纪90年代初期开始，日本股票价格开始下跌，企业利润等这些经济指标也开始恶化。即便如此，大多数的日本人依然没有察觉到日本经济的变化。国民普遍认为泡沫经济的崩溃是从1995年左右才开始的。

第二章是"世界经济发生了巨大的变化"，记述了20世纪80年代末到90年代的这几年间世界经济发生的重大变化。1989年11月柏林墙倒塌。1991年12月苏联解体。彼时，中国也在加快推进工业化。此外，信息技术（IT）革命也进入了第二阶段，互联网已经普及。在制造业领域，水平分工这种新型生产方式也被广泛应用。随着IT技术的进步，我们的工作环境也发生了巨大的变化。

第三章是"20世纪90年代末期的金融大崩溃"，记述了20世纪90年代后半期，随着房地产泡沫的破裂，不良债权问题也日益凸显。此前人们坚信绝对不会倒闭的金融机构，也因不良债权的增加出现了经营问题。到了90年代后半期，世界末日般的氛围笼罩着日本。

第四章是"21世纪日本经济的虚假繁荣让改革渐行渐远",记述了从2003年1月到2004年4月,日本政府和日本央行大规模的汇率干预使得日元开始贬值。国民称之为"舒适的日元贬值"。很多人认为日本又恢复到了以出口为主的经济模式,日本经济终于恢复了。事实上,这只不过是暂时性的虚假繁荣而已。

除此之外,日本的制造业也开始迁回国内,在日本本土建起了一些生产电视机的大规模工厂。这样的行为恰恰与世界潮流背道而驰。彼时的我正好在美国待了一年多,站在日本的外围去审视日本,这个国家的落后显而易见。

第五章是"美国房地产泡沫和雷曼事件",记述了美国疯狂的房地产泡沫,同时分析了这是由日元(贬值)、房价、汽车组合作用的复合型泡沫,而这个组合结构并不是一个可持续的结构。随后美国房地产泡沫崩溃,2008年雷曼兄弟破产。

第六章是"日本的'出口立国'模式彻底崩塌",记述了美国房地产泡沫的崩溃对日本经济造成的影响。美国住房抵押贷款证券化的失败导致美国消费需求骤降,日元不断升值。紧接着,日本的出口贸易骤减,最终导致日本出口立国的梦想破灭。事实上,对日本经济而言,"依靠出口增长"并不是解决日本经济困境的根本之策。

　　日本从这种萎靡的状态中恢复过来得益于两大原因：第一就是中国政府实行的大规模经济政策，第二就是日本政府实施的制造业救济政策。这些政策也导致日本的民间企业对政府的依赖性越来越强。就连普通国民都认为，这种强烈的依赖性存在着潜在的风险。此外，日本的经济结构也没能得到调整和改变。

　　第七章是"民主党内阁与东日本大地震"，记述了东日本大地震后，日本的贸易收支发生了巨大的变化，肩负众望上台的民主党政权对日本的经济也没有进行任何实质性的改革。此外，本章还分析了受欧元危机的影响，日元不断升值，股票价格持续下跌等现象。

　　第八章是"安倍经济学和异次元货币宽松政策带来了什么"，指出异次元宽松货币政策并没有增加财富，同时提到日元贬值不断加剧的理由、决定追加实施宽松货币政策以及扩大负利率等政策。安倍经济学并没有提高工资和促进消费，想要通过宽松货币政策寻找日本经济的出路是相当困难的。

　　第九章是"日本未来应该做的事"，思考未来的日本经济将会面临的一些问题，并给出应对措施。例如，①如何应对劳动力不足的问题；②如何应对人口老龄化带来的社会保障支出增多的问题；③如何应对中国的增长以及世界经济的结构变化；④如何应对人工智能等新技术。要想应对这些问题，日本就要打破既得利益者的藩篱。这将是日本面临的一个重要课题。

在本书出版之际，谨向幻冬舍的四本恭子女士表示诚挚的感谢。

2018 年 11 月
野口悠纪雄

| 目 录 |

前 言

第一章　日本人没有察觉到泡沫经济的崩溃　　1
  20 世纪 80 年代，日本的国际地位逐步上升　　2
  泡沫经济崩溃，整个日本还在"宿醉"中　　9
  历史性的日元升值　　18
  "复合萧条论"的错误　　22

第二章　世界经济发生了巨大的变化　　27
  中国加快推进工业化　　28
  IT 革命进入第二阶段　　34
  制造业由垂直一体化走向水平分工　　40
  看到了世界的变化　　50

第三章　20 世纪 90 年代末期的金融大崩溃　　55
  大企业和金融机构的丑闻逐渐暴露　　56

大藏省丑闻 61
　　山一的破产 64
　　长银的破产 67
　　人们并没有意识到是国民背负着重担 73
　　被当作替罪羊的人们 79

第四章　**21世纪日本经济的虚假繁荣让改革渐行渐远** 85
　　日本经济大幅下滑，日本政府开始大规模干预汇率 86
　　逆时代潮流而回归日本的工厂 89
　　在硅谷感受了日本的落后 97

第五章　**美国房地产泡沫和雷曼事件** 111
　　亲眼所见的房地产泡沫 112
　　美国房价暴涨，丰田车大卖 118
　　雷曼事件 122

第六章　**日本的"出口立国"模式彻底崩塌** 133
　　"出口立国"模式的终结 134
　　中国经济的快速发展促进了日本制造业的复苏 138
　　逐渐依赖政府的日本制造业 141
　　日本经济结构已无法改变 143
　　雷曼事件后的全球范围内的货币宽松政策和欧元危机 146

第七章　民主党内阁与东日本大地震　　149

身为执政党的民主党满足国民的期待了吗　　150
东日本地区可能会成为无人地带　　153
贸易赤字逐渐扩大　　156
欧元危机导致日元升值，日本股价下跌　　160
我们这一代人的 21 世纪头 10 年　　164

第八章　安倍经济学和异次元货币宽松政策带来了什么　　169

异次元量化宽松货币政策没能增加货币供给量　　170
追加实施的宽松货币政策和负利率政策也
　没有任何效果　　175
安倍经济学并没有让日本经济实现增长　　178
宽松货币政策的出口在哪里　　183
关于长冈实的记忆　　189

第九章　日本未来应该做的事　　197

日本面临的问题并不是"摆脱通货紧缩"　　198
必须解决劳动力不足的问题　　201
如何应对社会保障支出的增加　　213
如何应对世界经济结构的变化　　219
新兴产业的出现才是解决问题的关键　　225

附录　平成大事年表　　237

| 第一章 |

日本人没有察觉到泡沫经济的崩溃

20世纪80年代，日本的国际地位逐步上升

日本才是世界经济的中心

20世纪80年代，也就是平成时代之前，日本在世界经济中的地位显著提升。由于受到70年代石油危机的影响，80年代的欧美经济不断倒退，而此时日本的经济实力显著提升（至少看起来是这样）。

当时的日本一跃成为仅次于美国的世界第二大经济大国，给世界经济的动向带来了巨大变化。

1985年，美国、日本、西德等几个国家共同签订了《广场协议》，目的在于联合干预外汇市场，使美元对日元及德国马克等主要货币的汇率有序地下调，以解决美国的巨额贸易赤字。可以说，当时的日本被当看作世界经济的领头羊。

当时，欧美的经济学家和政治学家经常共同研究一些课题，这些课题研究的问题通常围绕"为什么日本经济能够如此强大"展开。当时的我，曾经在美国的地方城市做过几次演讲。每次演讲完毕后都会有人问我："我想投资日本企业，您觉得投资哪里好呢？"在20世纪90年代上映的美国电影《风月俏佳人》中，男主角就是一位疯狂迷恋于在日本投资的成功实业家。

20世纪80年代末期，麻省理工学院的几位研究者出版了《美国制造》（*Made in America: Regaining the Productive Edge*，1990年）一书，书中提到，"美国企业也必须像日本企业那样发展"。

"日本才是未来世界经济的中心，因为日本式的经济体制比欧美各国的经济体制更优越。"当时包括欧美人在内，许多人都这么认为。

"在日本的企业中，经营者和劳动团体不是对立关系。正因如此，日本才能够实现经济的高增长，而英国这种受困于劳动纷争的国家是无法实现高增长的。此外，日本的经营者不会将眼光局限在每天的股价涨跌上，他们能够站在长远角度来思考经营，而美国的企业家每天盯着股价，只追求短期的业绩，与日本经营者截然相反。"这些观点都是日本的经济学家和管理学家提出来的，国外的学者们也不得不听取这些意见。

日本的人均GDP在1981年时超过了西德，1983年超过了英国，1987年超过了美国。这不仅仅是一组数据，当时我曾去过底特律，亲眼看到底特律的市中心满是断壁残垣，像是废墟一般。从美国回到日本后，看着日本整洁干净的街道，我很是感激。

因此，"日本就是世界第一"不仅仅体现在数据上，人们在日常生活中也能真实地感受到这一点。

地价和股价出现泡沫

20世纪80年代后半期，房价开始异常上涨。公示地价⊖开始明显上涨是从1986年开始的。根据1987年1月的公示地价，东京圈的地价上涨了23.8%，到了1988年1月，土地价格上涨率高达65.3%。

在以东京为圆心的60公里半径范围内，拥有5亿日元以上土地资产的人超过100万，而与此同时，对于那些刚想买房的人来说，这简直就是地狱一般的世界。1990年，东京圈的公寓价格是人均年收入的10倍以上，东京都中心位置的房

⊖ 公示地价，指日本国土交通省所公告的"标准地"价格。从日本全国选出代表各地区"标准地"的3000多个地点，于每年的1月1日由不动产鉴定士进行评估，再由土地鉴定委员会评定，并在每年的3月下旬公布。——译者注

价更是逼近人均年收入的 20 倍。

假如贷一半的款去买东京都中心位置的公寓，以 5% 的年利率来计算，那么每年需要支付的利息相当于年收入的一半。在首都圈，即使是集体住宅，普通劳动者也无法承受。

现在回过头看当时的情形，很明显这就是房地产泡沫，但是当时的人们都认为这只是经济变化引起的现象。

当时，"东京是亚洲金融中心"的说法盛传，很多人都认为"想要在东京拥有办公室的企业正在从世界各地赶来，这样一来，东京土地的经济价值就变得相当高了。因此，地价无论多高也是理所当然的"。

1988 年，日本国土厅公布的《国土利用白皮书》指出，"以东京附近为中心的土地价格上涨是由实际需求引起的"。也就是说，这份白皮书认为，土地价格上涨并非投机导致，而是土地需求大于供给引起的必然现象。这相当于政府为土地价格高涨做了权威保证。

除了地价的异常上涨，股价也在不断上涨。1983 年，日经平均股价只有 8800 日元，到了 1987 年 10 月涨到 26 600 日元，在 1989 年末达到 38 915 日元，日经平均股价呈持续上涨趋势，甚至有人预测，日经平均股价有可能会达到 6 万多日元。

当时，日本的股票市值是美国的 1.5 倍，占全球股票市值的45%。日本电信公司NTT的股票市值比美国电话电报公司（AT&T）、IBM、埃克森、通用电气（GE）、通用汽车（GM）几个公司加起来还要高，野村证券的股票市值比美国所有证券公司加起来还要高。如今回想起来，这简直是难以置信。

抢购海外土地

当时的日本资本除了抢购国内土地，同时也在抢购美国的不动产。

1986年，日本第一不动产以历史最高价买入位于美国纽约的蒂芙尼公司大楼。1989年，三菱地所买下了同样位于纽约市的洛克菲勒中心。就这样，日本的投资者开始在夏威夷买酒店，在加利福尼亚州买大楼和购物中心。日本资本在美国投资的不动产金额，从1985年的19亿美元，增长到1988年的165亿美元。当时在澳大利亚甚至还能直接用日元购买土地。

当时，我在美国的一些地方做关于日本土地问题的演讲时，台下的听众都在小声地笑。演讲完毕后，我问大家为何发笑，他们回答说："你们竟然用平方英尺⊖来算土地面积，难以置信，我们都是用英亩⊜来计算。"

⊖ 1平方英尺=0.093平方米。
⊜ 1英亩=4046.856平方米。

确实如此，我也曾一直不知道用什么单位来计量更合适。但是，对于东京的地价，若是用英亩来计算的话，那就更奇怪了。

开发高尔夫球场成了"炼金术"

"日本央行只能印刷面值 1 万日元的纸币，而我能印刷面值 1 亿日元的纸币。"说这话的人是原 EIE 公司的社长高桥治则，后来被逮捕，他被称为"泡沫绅士"。

EIE 是一家度假村开发公司，一直在大力开发高尔夫球场。建造高尔夫球场，首先要销售高尔夫俱乐部的会员资格。开发商一般都采用预付金的形式筹集到会员资格面额 90% 的资金，作为开发高尔夫球场的启动资金。因此，即便手里没钱，依然能开发高尔夫球场。EIE 在枥木县开发的皇家草地（Royal Meadow）高尔夫俱乐部，最初会员资格只卖 450 万日元，最后居然涨到 3000 万日元。

此外，银行一听到是要开发高尔夫球场，就会立马发放贷款。因此，开发许可一下来，会员资格就开始发售了。开发高尔夫球场的热潮越来越高，有的开发商甚至在开发许可还没批下来的时候，就开始以高尔夫球场开发计划融资。这样一来，开发高尔夫球场被人们看成是"炼金术"，大家都认为开发高尔夫球场，怎么都能捞一笔。

当时，以开发高尔夫球场而闻名的企业除了EIE和伊藤万株式会社外，还有很多企业都投身于此，就连一直以来踏踏实实地经营祖业的地方名流，都纷纷投身高尔夫球场的建设热潮中。仅仅十几年的时间，日本的高尔夫球场就从1985年的1400个，增加到2400多个。

1987年，日本政府颁布了《综合保养地区整备法》，鼓励地方政府兴建提升国民福祉水平的度假疗养设施，这一法案更加助长了人们投资度假地的热情。无论是地价的上涨还是股价的上涨，都不过是泡沫而已。但是，没有人意识到这一点。比起这个，在投机竞争中不落后才是更重要的。就这样，全国上下上演了一场疯狂的闹剧。

以当时日本的经济实力，日本国民本可以过上更加富裕的生活，但是经济泡沫引起的资源分配不均，让日本国民还没享受到富裕的生活就跌落谷底。

20世纪80年代后半期的日本，在道德上比"罪恶之都"更堕落。有人说"好怀念泡沫时代，希望再来一次"，这是多么愚蠢的想法啊。对于泡沫时代，我感到的只是愤慨。

泡沫经济崩溃后，日本经济承受了巨大的损失。日本被"上帝之锤"狠狠砸到，也是理所当然的事情。

泡沫经济崩溃，整个日本还在"宿醉"中

20世纪90年代初期，日本经济触顶

20世纪90年代初期，日本企业的销售额和营业利润情况都发生了很大变化。日本经济在这一时期经历了巨大转折。

首先是股价，众所周知1990年（平成2年）是日本股价发生转变的重要一年。

1990年1月3日的《日本经济新闻》曾预测，"在如今稳健向好的经济形势和良好的股票供求关系的背景下，日经平均股价在1990年年末将上冲至40 000点左右"。然而，第二天的新年首个交易日，日本股价就全面下跌。从此，日本股价开始持续下跌（见图1-1，注意，该图是东证股价指数，并非日经平均股价）。

此外，地价也从1991年开始下降。因此，处理不良债权成了重要课题，金融机构陷入经营危机。

更关键的是，整个市场的急转直下并不只发生在金融业和房地产业，企业的销售额和营业利润也从1990年开始急转直下。

日本法人企业统计数据显示，从60年代后半期到80年代末，日本所有法人企业的销售额一直保持高速增长，1970年是214万亿日元，1980年是820万亿日元，1990年达到1428万亿日元。

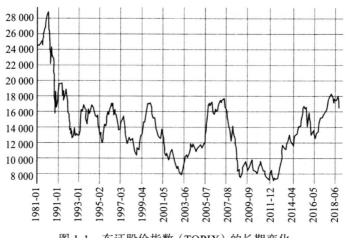

图 1-1　东证股价指数（TOPIX）的长期变化
资料来源：东京证券交易所。

然而，到了 1991 年，日本法人企业的销售额突然见顶，高速增长骤停（见图 1-2）。1995 年，日本法人企业的销售额是 1485 万亿日元，2000 年是 1435 万亿日元，一直保持平稳状态。在那之后一直到近几年，这一数值基本上没什么太大变化，2016 年的销售额是 1456 万亿日元。

除了企业的销售额，企业的利润也从之前的高速增长转向下降。1970 年，日本企业的利润是 10 万亿日元，1980 年是 29 万亿日元，1990 年是 50 万亿日元。但是，1990 年日本企业的利润达到了顶峰，之后开始急速下降，在 1995 年减少到 35 万亿日元，2016 年是 59 万亿日元。

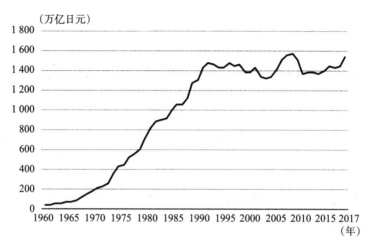

图 1-2　法人企业销售额变化

注：全产业，全规模。
资料来源：法人企业统计调查。

此外，矿工业生产指数也在1991年上半年达到顶峰后，开始持续下降。虽然2007年的矿工业生产指数超过了1991年的顶峰值，但是近几年又下降至低于1991年的水平。

还有此前一直高速增长的设备投资也发生了很大变化。从1984年到1990年（1986年和1987年除外），日本民间设备投资与上一年相比都是以两位数的百分比增长，但是到了1991年，增长率转为负数，且一直持续到1994年，1995年以后也一直是较低的增长率。民间住宅投资也是一样的情况。

这些数据早就提醒着人们，日本经济已经发生了翻天覆地的变化。

日本国民对日本经济的变化毫无察觉

然而，日本国民都认为这些数据上的变化只是暂时现象，依然沉醉在泡沫经济的氛围中。当时，很多日本国民的脑海中根本没有过"糟了，日本经济崩溃了"的想法，他们觉得股价的下跌只是暂时性的调整。即使地价开始下降，很多人也没能从泡沫经济的醉意中清醒过来。

1990年（平成2年），不动产的投机仍在继续。8月2日，伊拉克军队进攻科威特，占领了科威特首都。彼时，日本的某委员会正在对北海道的一居室公寓的投机行为展开调查。因为，以札幌为中心的投机性购房明显增多了。

1991年，大型娱乐休闲地初岛俱乐部动工，1994年7月正式营业。人们认为日本长期信用银行的破产与初岛俱乐部有很大的关系。

从东京一所名为"东京朱莉安娜"的迪斯科舞厅，就能看出当时的日本国民还沉醉在泡沫经济中。"东京朱莉安娜"一直被说成是泡沫经济时期的象征，所以，直到现在很多日本人都认为这个迪斯科舞厅的全盛时期是在20世纪80年代。但事实上，舞厅正式营业的时间是1991年5月，当时距离日本股价的首次全面下跌已经过了一年半。

在 1992～1993 年的这段时间里，每逢周末该舞厅都是顾客爆满，想在店里走动，同时还不碰到别人，几乎是不可能的。据说还有好几百人排着队进不去。舞厅里的高台被拆掉是在 1993 年 11 月的时候，这并不是因为客人来得少了，据说是因为有警方的干涉。"东京朱莉安娜"正式关门是在 1994 年的 8 月。

20 世纪 80 年代后半期开始，办公室白领女性们开始流行起一种新的生活方式。很多白领女性在工作一段时间后就选择辞职，然后拿着离职金和失业补助去国外旅行，等玩了一段时间后再回国重新找工作。这一现象一直持续到 90 年代。

事实上，进入 20 世纪 90 年代后，很多人在国外旅行回国后，发现工作越来越难找了。当时很多人还觉得不可思议，觉得怎么会没有工作呢。

百货商店外销业务的泡沫也在持续

没有意识到日本经济结构上存在问题的，除了上文中提到的各类企业和人们，还有制造业企业，可以说日本的所有企业都是如此。

这一点从百货商店的外销业务就能很明显地看出来。

据说，泡沫经济时期，百货商店的外销业务迎来了全盛期。人们普遍认为，"当时，为了减少盈余，企业在中元节、年末等时候会针对客户们拨一些巨额支出。因此，百货商店销售服装首饰、家具家电、艺术品的外销部的销售额就大大增长。但是，泡沫经济崩溃后，很多企业为了削减支出，首先砍掉的支出就是这部分。于是，外销业务开始恶化，步入寒冬"。

但是，问题的关键是要搞清楚泡沫经济崩溃是在什么时候。在百货商店领域，泡沫崩溃是在20世纪90年代后半期。

据说，在当时，日本大企业的领导层的家属会使用企业经费为自己购买奢侈品。但关键是，此时已不是20世纪80年代，而是90年代了。90年代的日本企业，营业利润已经大幅减少。然而在90年代，还发生着80年代的事情。

日本经济产业省公布的商业动态统计显示，日本百货商店的销售额从1989年的10.5万亿日元增加到1997年的11.1万亿日元。销售额持续下降是从20世纪90年代后半期开始的。由此可以推测出，"在泡沫经济崩溃后的五年多时间里，'泡沫性'的企业消费还在持续"。

而同期的中国正在推进工业化进程，全球制造业面临着结构性的重大问题。要想应对这一变化，日本急需从根本上改变企业的商业模式。

但是，日本并没有对企业进行改革，反而剩下了一群想要死死抱住企业的人们。即便不是所有人都这样,但是这种人肯定是大有人在。

那么,到底为什么会发生这样的事情呢?因为人们认为组织会永远存续下去,无论怎样肯定是能依靠得住的。

百货商店产业的发展开始明显衰败并进行产业重组,是在泡沫经济崩溃十多年后的2000年。

"日本比美国强大"

日本人的国际思维也停留在20世纪80年代。

1991年1月17日凌晨,以美国为首的多国部队向伊拉克发起大规模空袭,海湾战争爆发。日本由于宪法的制约无法出动兵力,作为补偿日本支付了巨额的费用(有人说是115亿美元,也有人说是130亿美元)。当时的日本人觉得"日本虽然不能采取军事行动,但是日本的经济强大,所以承担这点费用去帮助美国也是理所应当的"。

当时的日本人坚信"日本比美国强大"。有一件事能够明显反映出日本人的这种思想。1992年1月,时任美国总统乔治·布什访日,在晚宴上,乔治·布什吐在了坐在旁边的日本首相宫泽喜一的膝盖上,并从椅子上摔了下来。

当时,很多日本人都觉得,"美国总统摔倒了,日本首相扶起了他。这就是日美关系的象征,日本就是比美国强"。

然而，整个世界在20世纪80年代已经发生了翻天覆地的变化，但这些变化在日本被"泡沫"掩盖住了。等到泡沫经济崩溃后，日本的各种问题一下子都凸显出来了。即便如此，很多日本人依然沉浸在80年代的经济泡沫中，没有认识到日本已经有着很严重的问题。整个日本都处于松散的状态中。

平成时代成了失败的时代

日本经济的衰退并不是只是因为泡沫经济的崩溃，其背后还有整个世界经济大变化的因素。这个大变化就是第二章所讲的新兴国家的工业化进程和IT革命。这一变化从20世纪80年代开始，在平成时代逐渐显著。

这一点从世界各国的GDP对比就可以明显看出来。1990年，中国GDP只有日本的13%左右，到了2016年，已经是日本GDP的2.3倍（见图1-3）。美国GDP在1990年是日本的1.9倍，到了2016年已经是日本的3.8倍了。

美国人均GDP在1990年时，只有日本的95%（见图1-4），到了2016年已是日本的1.48倍了。中国人均GDP在1990年是日本的1.2%，几乎不能与日本相提并论，但是到了2016年，中国人均GDP已经是日本的20%。

即便如此，日本人还是没有意识到日本需要转变经济结构。所以，平成时代才成了失败的时代。

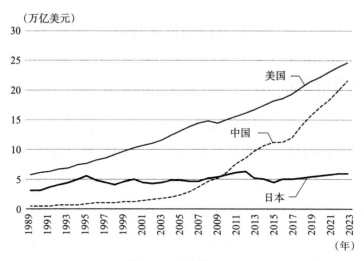

图 1-3　中日美 GDP

注：2018 年以后数值为国际货币基金组织（IMF）的推测数值。
资料来源：IMF。

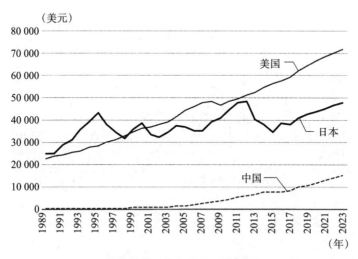

图 1-4　中日美人均 GDP 的变化

注：2018 年以后数值为 IMF 的推测数值。
资料来源：IMF。

历史性的日元升值

日元升值冲击

1993年,日元升值冲击席卷日本。

从1992年6月以后,日元对美元的汇率,基本上维持在1美元兑120日元的水平,并没有出现明显的变化,但从1993年3月开始,日元持续走高,到1995年8月(除了1994年12月)一直是1美元兑90日元左右。1995年4月19日,日元对美元汇率达到了前所未有的1美元兑79日元的水平(见图1-5)。

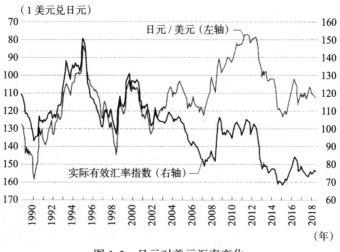

图1-5 日元对美元汇率变化

资料来源:日本央行。

经济学者们指出，1993 年的日元升值是因为美国政府的对日政策。

1993 年 4 月，刚刚就任美国总统的克林顿，在与日本首相宫泽喜一初次会晤后的记者见面会上说，"缓解日美贸易不均衡的首要有效方法是日元升值"。于是，人们理解美国应该是想要正式调整汇率，因此日元一下子就升值了。

而对于 1995 年的日元升值，学者们指出了很多原因。例如，1995 年墨西哥金融危机爆发，使得海外投机资金选择日元作为避险货币，以及克林顿政权对人民币贬值的默许等。1995 年的这次被称为"第二次日元升值冲击"（第一次日元升值冲击是在 1985 年 9 月的《广场协议》签订后发生的，1985 年年中时，日元对美元的汇率是 250 日元左右，到了 1987 年 12 月，上升到了 120 日元左右）。

但是，切实影响贸易等实质性经济活动的，并不是名义汇率⊖，而是实际有效汇率指数（实际有效汇率指数是剔除通货膨胀对各国货币购买力的影响，一国货币与所有贸易伙伴国货币双边名义汇率的加权平均数，体现了日元的购买力）。

从这一指数来看，日元对美元的实际有效汇率指数在 1992 年 9 月是 100 左右，1995 年 4 月涨到 150 左右，到了

⊖ 名义汇率是指在社会经济生活中被直接公布、使用的表示两国货币之间比价关系的汇率。——译者注

1995年12月还维持着120以上的高汇率指数（实际汇率指数上升，代表本国货币相对价值上升，这里说明日元升值）。

从图1-5可以看出，当时150的实际有效汇率指数是迄今为止的最高值。现在这一指数是70左右，所以与当时相比，如今日元的购买力下降了一半以上。

一般情况下我们用名义汇率来表示汇率，但即便只看名义汇率，现在的日元相比当时还是贬值的。若是将各国物价上涨率的不同也考虑进去的话，如今的日元汇率正如实际有效汇率指数显示的那样，远比名义汇率低得多。

日元升值让消费者受益，企业利润持续减少

日元升值，意味着日本人的购买力提升了。也就是说，在国际社会中，日本人就变得有钱了。然而，虽然日本国民变得有钱了，但日本企业的利润减少了。

日本财务省公布的法人企业统计数据显示，日本全部产业（不含金融和保险业）的营业利润从1992年的41.0万亿日元下降到1993年的32.0万亿日元，下降了21.9%，其中制造业领域的营业利润下降了27.5%。

日本的贸易顺差也从1992年的13.5万亿日元减少到1996年的6.7万亿日元，减少了近一半。

全国消费者物价指数（生鲜食品除外）与上年同期相比

的增长率，在 20 世纪 90 年代大概是 3%，之后持续下降，到 1995 年甚至出现了负增长的月份。虽然之后在 1997 年维持在 2% 左右，但从 1998 年到 1999 年各月不是零增长就是负增长。

日本物价的下跌在 1994 年之前是因为日元升值造成的，但是也不仅仅是这一个原因。此外，还有以美元定价的商品价格也在下跌的原因，例如第二章提到的个人电脑价格的下跌。

也就是说，日本物价的下跌并不单单是日元升值的问题。比起日元升值，第二章中讲到的世界经济的结构性变化才是重要原因。这就是所谓的通货紧缩的本质。

日元贬值后，又因亚洲金融危机引发日元升值

如图 1-5 所示，从 1995 年夏天开始，日元汇率转向下降。这是因为日本央行调低了政策利率[⊖]。此外，IT 行业正式起步，日本企业在美投资越来越多，也被认为是日元汇率下降的重要原因。

日元汇率下降，日本的贸易顺差就会扩大。然而，日本的贸易顺差只是稍有扩大，并没有特别大的变化。

所以，日本经济的基本情况并没有改善，企业的营业利润也还在持续减少，1998 年，日本企业利润减少到 1990 年的一半。

⊖ 政策利率是中央银行向商业银行贷款时的利率，根据中央银行的货币政策而定。通常经济好的时候，央行会提高利率，经济不好的时候降低利率。——译者注

不过，1997年开始的亚洲金融危机遏制住了日元汇率的下跌。1998年8月，日元对美元汇率是140日元左右，仅仅两个月后，日元就升值到110日元。

"复合萧条论"的错误

"复合萧条论"认为银行惜贷是造成日本经济衰退的原因

1992年，宫崎义一所著的《复合萧条论》（中公新书，1992年）出版，书中对日本20世纪90年代的经济萧条做出了很多分析，书中的观点也被当时很多人所认可和接受。

该书指出，"泡沫经济的崩溃让银行有了大量不良债权，于是银行开始惜贷，造成信用紧缩，从而导致投资减少"。此外，作者认为"企业的股价下跌导致银行持有股份的潜在收益减少，股东权益也相应减少，于是银行不得不压缩资产"。

也就是说，宫崎义一认为导致日本经济衰退的并不是实体经济的问题，而是金融部门的问题。

但是，银行的惜贷是导致投资减少的主要原因，这种判断在数据上无法印证。首先，这一时期银行的贷款余额⊖并没有

⊖ 贷款余额指至某一节点日期为止，借款人尚未归还放款人的贷款总额，亦指到会计期末尚未偿还的贷款。尚未偿还的贷款余额等于贷款总额扣除已偿还的银行贷款。——译者注

减少，日本金融机构贷款平均余额⊖在 1991 年 7 月是 502 万亿日元，之后开始持续增加，在 1993 年到 1994 年这段时间里达到 520 多万亿日元，到 1999 年初为止，一直在 500 万亿日元以上变动，到了 1999 年中才开始减少。

其次，假如企业需要投资资金，而银行出于惜贷考虑，抑制贷款，那么长期利率理应上升（这种现象叫作挤出效应⊜），但事实上长期利率并没有上升，（借贷约定平均利率）反而明显下降了。1991 年 7 月日本的长期利率为 7.7%，之后急速下降，到 1995 年只有 3% 左右了。

原因不在金融领域，而在实体经济

直到现在还有人认为"日本经济停滞的原因是金融领域出了问题"。很多专家学者也还坚持认为"如果放宽货币政策，日本的经济就能恢复活力"。

这种想法会让人产生一种期待，那就是人们会认为，即使政府不在实体经济层面采取应对措施，只要放宽货币政策，也能够解决日本经济的问题。但是只要问题的根本在于实体经济层面的话，这种解决办法就只会让问题一直无法

⊖ 贷款平均余额表示一段时期内每日贷款余额的平均水平。——译者注

⊜ 挤出效应（crowding out effect），是政府为了平衡财政预算赤字，采取发行政府债券的方式，向私人借贷资金市场筹措资金，从而使市场利率上升，私人投资和支出因而相应地下降。——译者注

解决。

20世纪90年代日本经济停滞的原因也是实体经济层面有问题。当时设备投资[1]的需求和之前相比确实减少了。

并不是因为银行不给贷款，企业才无法进行设备投资的，而是企业没有了投资的欲望，因此就会导致利率下降。也就是说，原因不在于放款方，而在于借贷方。

导致设备投资减少的一个重要原因是，新兴国家的工业化进程，让日本失去了国际市场份额。

从日本在美国进口额中所占比重，就能够清楚地看出这一点。1986年，日本在美国进口额中所占比重是21.8%，达到最高值，之后就开始逐渐下降，到了1990年下降到18.1%，1995年下降到16.6%。

因此，当时日本经济面临的问题，不是放宽货币政策或日元贬值就能解决的。但是，人们根本意识不到，日本的经济结构和企业结构的商业模式需要进行改革。

在东京大学成立先端经济工学研究中心

20世纪90年代的时候，我正好是五十多岁，成为一桥大学教授差不多也十年了，研究班里的毕业生也越来越多。80

---

[1] 设备投资是指企业用于设备、工具、器具等购置的投资，是国内生产总值的一部分，对经济有较大影响。——译者注

年代正是日本泡沫经济的顶峰期,毕业生当中的许多人都去海外留学了。有时候因为给他们写介绍信,我还会忙得不可开交,不过到了90年代,就没这些事情了。

之后,在泡沫经济崩溃时期,他们经历了各种各样的遭遇。几乎没有人一直待在毕业后就入职的公司。有人换工作,还有人是因为所在公司合并重组,公司名变了。听一桥大学的某个毕业生说,20世纪80年代初期的时候,我曾说过,"你们这些人肯定会被公司背叛的"。我自己已经完全不记得说过这话,事实上,他们当中的许多人在平成时代的境遇,确实是如我所说的那样。

1996年,我从一桥大学调到东京大学,在东京大学的先端科学技术研究中心工作。先端科学技术研究中心是以文理融合为目标而设立的组织,各个学科的人都聚在一起。以工学部的人为核心,既有法律专家也有经济专家,还有医生。校园在驹场,与教养学部不在同一个校区,是第二次世界大战(以下简称二战)前东京帝国大学航空研究所的旧址。

我的研究室是从正门进去正对的13号馆。与"先端"⊖这个词不搭的是,13号馆是建造于昭和时期的古典建筑,我非常喜欢它木片拼接的地板(这个地板与同时期建造的大藏省,也就是现在的财务省的地板是一样的)。初次进入这个空

⊖ 先端,日语词,意为尖端、领先。

荡荡的研究室时的情景，我至今记忆犹新。

这个校园后来要改成生产技术研究所，所以很多建筑都被改建了，遗憾的是，有历史的老建筑变少了。

我们提出的预算要求被批准后，又新成立了"先端经济工学研究中心"。虽然这是一个只有三位固定职员的小组织，但是我们想以此为出发点，做一些新的事情。

之后我们还考虑过设立商学院，这一想法也得到了工学部的大力支持，甚至已经被纳入了东京大学的预算要求里，但是由于学校内部反对，这一想法最终也没能实现。

我的最后一堂课是在先端科学技术研究中心的礼堂里上的。这里也是个古典建筑，很有艺术气息。在最后一堂课上，我引用了16世纪葡萄牙著名诗人卡蒙斯的叙事诗《卢济塔尼亚人之歌》中的一句"陆止于此，海始于斯"，来讲述日本与世界。

| 第二章 |

世界经济发生了巨大的变化

中国加快推进工业化

国有企业的改革

在新兴的工业化国家和地区当中,最早崭露头角并在20世纪80年代取得显著发展的是韩国、新加坡、中国台湾地区、中国香港地区,被称为"亚洲四小龙"。

但是这些国家和地区的经济规模都较小,所以并没有对世界经济产生太大的影响。1978年,邓小平提出改革开放、发展生产力、实现现代化的方针,中国工业化进程从此加快推进。

为了发挥市场对经济的调节作用,中国政府于1979年将深圳、珠海、汕头、厦门设为经济特区,之后又将上海、天津、广州、大连设为经济技术开发区,计划在这些地区吸引华侨和欧美企业的投资,加快推进工业化。

但是，20世纪80年代的改革开放还只是在政治层面提倡，还没有对实体经济产生较大的影响。中国的实体经济发生真正的变化是在90年代中期，国有企业进行改革的时候。

过去，所有的产业都由国家运营，改革后，能源、通信、重工业、金融等基础产业的大企业都在国有基础上，作为股份公司上市。其他企业也进行了民营化改革。

这一政策是成功的，20世纪90年代后半期以后，中国急速推进从农业到制造业的产业结构转变。

1995年，中国的钢铁产量在达到1亿吨，几乎与日本同等水平，并在之后迅速增长，不久后就超过了日本。

中国、美国、日本的实体经济增长率的变化见图2-1。

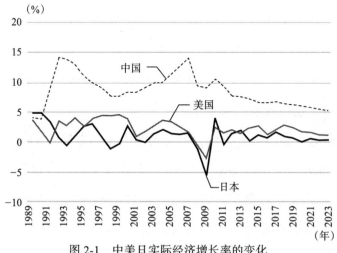

图2-1 中美日实际经济增长率的变化

注：2018年以后数值为IMF的推测数值。
资料来源：IMF。

新的企业诞生了

20 世纪 90 年代末,在中国的许多产业领域都诞生了新的企业,并取得了不错的发展。

在汽车制造领域,过去,中国的国有企业都是和俄罗斯的企业进行技术合作来生产汽车的。从 20 世纪 80 年代开始,不断有中国的汽车国有企业引进外资,成立中外合资企业,引进国外的先进技术,取得了不错的发展。

中国三大汽车制造公司之一的上海汽车就是与德国的大众汽车合作的。到了 20 世纪 90 年代,与外资合作的中国汽车生产厂家已经达到 100 多家。中国的汽车产量也在 2009 年超过日本,位居全球第一。

此外,家用电器生产领域的海尔集团,个人电脑生产商联想集团都是很有名的企业。在手机通信领域,华为技术集团近年来更是闻名世界。此外,在重工业领域,机械制造商三一重工也快速发展起来了。

在电子制造服务领域,一种名为电子制造服务(Electronic Manufacturing Services,EMS)的企业横空出世。这是一种做电子代工服务的企业。中国台湾地区的鸿海精密工业就属于 EMS 起家的企业,其子公司富士康在 2000 年以后因为给苹果公司做最终的零部件组合而闻名世界。

在互联网相关领域,电子商务企业阿里巴巴,搜索引擎的百度等很多初创企业都纷纷涌出,并快速成长。

就这样,各种各样的领域都在诞生新的企业并快速发展,中国逐渐确立了世界工厂的地位。

虽然"亚洲四小龙"的工业化也对日本经济产生了一定的影响,但是远没有90年代中期整个中国经济对日本的影响大。中国拥有大量的劳动力,从而能生产出更便宜的商品,这样一来中国就改变了制造业领域的国际竞争条件。在此前一直由日本支配的制造业市场上,日本占据的份额逐渐被取代,因此日本不得不后退。

此外,中国在美国进口额中所占比重也显著上升。20世纪90年代前半期之前,中国所占比重一直都比较小,从90年代后半期开始,中国所占比重与日本相当。中国与日本在美国进口额中所占比重加起来是20%左右。到了2002年,中国所占比重超过了日本。

见证中国工业化的进程

1995年3月20日,日本东京地铁发生震惊世界的"沙林"毒气袭击事件。这一天我正好在北京。当时我在北京火车站看到的景象,至今难忘。在略显昏暗的车站里,几乎到处都是扎堆的人,很多人都在地板上铺一块布休息过夜,人多到连下脚的地方都没有。近代的建筑变成废墟一般，且很多地方都被人们占着，这一问题在二战后的东京也有。看到北京的这一番景象，让我想起小时候自己目睹的事情，受到了很大的冲击。

这些人是从农村来务工的人，叫作"农民工"。过去的中国，城市和农村间的人口流动很少。但是，中国改革开放后，由于城市对劳动力的需求增加，政府放宽了对人口流动的限制。于是，从农村出来的大量人口都纷纷涌入城市。

那些滞留在北京站的人就是想在北京找工作的人们，但是因为还没有找到工作，也没有住的地方，为了省钱就只能待在车站。

这就是中国改革开放刚开始时的景象。这之后，中国便以惊人的速度在工业化的道路上一路前进。

当时的北京还没有进入汽车时代，每天早晚的上班时间，道路上都是自行车。街上还留着一些叫作"胡同"的古老街道，这些胡同散落在很多高楼大厦中。如今基本上很难看到的景象当时就在我的眼前。

日本应该如何应对工业化趋势

那么，面对"亚洲四小龙"的崛起、中国的工业化进程加快推进，日本原本应该怎么应对呢？

首先，制造业必须调整产业结构以适应新的环境。也就是说，日本要从依赖出口的大批量生产型制造业中脱离出来，转换商业模式，转变为利用新兴工业化国家和地区生产的生产方式。日本的企业就只负责产品的创意开发和销售即可。也就是说，要转变为"不生产东西的制造业"。这就是在本章后面所讲的"水平分工生产方式"。

随着新兴工业化国家和地区的迅猛发展，廉价的工业制品得以大批量生产。在这一时期，发达国家的制造业变成了"不在国内生产""不要工厂"的制造业，苹果公司就是在2000年后转变成这种生产方式的。日本的制造业当初也应该这样调整。

其次，由于亚洲各国拥有大量廉价劳动力，因此只要利用好这一点就能降低生产成本，日本应该将以往在国内设立的工厂转移到海外。

最后，也是十分必要的一点，那就是"脱工业化"，整体改变日本的产业结构。从经济高速增长时期开始一直持续发展下来的"制造经济"并不能像之前那样有效果了。日本政府应该承认这一点，并逐渐提高金融业等高度服务型产业的比重。

在以上这些应该采取的措施中，日本真正做出的改变就是生产据点往海外转移。20世纪80年代的海外转移主要是为了应对贸易摩擦,所以大多据点都设在发达国家。90年代,日本制造业的海外生产比率(当地法人的销售额与国内外销售总额之比)只有6.4%,之后由于日本在亚洲各国设立的工厂逐渐增多,其海外生产比率在2001年达到14.3%。

而对于转变为水平分工的生产方式和调整产业结构,日本都没能付诸实践。事实上,由于宽松的货币政策和日元诱导性贬值,旧有的产业结构依然残留着。

美国在20世纪80年代就经历了脱工业化的历程。那是一个伴随着痛苦的改革历程。但是,日本却没有任何改变,所以才会"不变则退"。

IT革命进入第二阶段

互联网的诞生和普及

从20世纪80年代到90年代,技术领域发生了革命性的变化,那就是"IT(信息技术)革命"。

在IT革命的第一阶段,以往依靠大型计算机进行的信息处理,可以用个人电脑(PC)来进行,这在20世纪80年代以后得到普及。在IT革命的第二阶段,互联网在通信领域开始应用,这是从90年代开始发展起来的。

从经济层面的观点来看,IT革命的意义在于大幅度降低了信息处理的成本和通信成本。在此之前，大型计算机是一种昂贵的机器，只有大企业、政府部门和大学能用得起。此外，大量且高速的数据通信需要专门的线路，这也是十分昂贵的。因此，在信息处理能力方面，大型组织占有绝对优势，中小企业和个人无法与之相比。

而 IT 革命消除了这些差距。在信息处理方面，无论是大企业、小企业，还是个人，都能够在同等条件下进行工作。

在以美国硅谷为中心的许多地区，谷歌、亚马逊等这些初创企业，在短期内已经成长为世界范围内的大企业。

当时与现在相比，交通相关的技术以及基础设施建设等方面，基本上没有任何变化。无论是新干线还是高速路，或者汽车的普及率以及飞机的利用程度，都没有很大变化。交通领域发生较大的变化，是在平成时代之前。

相比于交通，信息、通信相关的技术却发生了很大的变化。与互联网相关的变化更是让人难以置信。

因此，技术的变化主要发生在信息和通信领域。

我自己所处的信息环境也发生了变化

IT 革命的发展也让我自己的工作环境发生了很大变化。

那是 20 世纪 80 年代时候的事情。当时我还在一桥大学任教，那时候的日本已经有手机了。说是手机，其实就是一种叫"shoulder phone"的车载电话，主要是在汽车里使用的电话。这种电话如果走在路上拿着会很重，挎在肩上又不能长途携带。所以准确地说，这是一种"可以移动的电话"。

一桥大学的研究室里也放了一台这种电话。在一桥大学里，研究室的电话只有内线，而且不能在研究室里安装直通电话（即便是自费也不能），因此就无法接收传真。于是，为了能接收传真，研究室购买了一台车载电话。现在回想起来，真是恍如隔世。

20 世纪 80 年代初期，一种叫作 MS-DOS 的个人电脑操作系统诞生了。但是，要想会使用必须要读厚厚的说明书。我只记了一些基本的指令，之后就交给我的研究生学生们了。现在看来这确实是正确的应对方法，因为现在即使记着 MS-DOS 的指令，也没有任何用处了。

20 世纪 80 年代后半期，一种能够通过本地电话线经由调制解调器连接互联网的方式出现了，也就是"拨号上网"。当时，某报社策划了一个项目，想要利用这种新的上网方式与美国学者进行对话。于是我去电话局买了一个调制解调器。但是，我们试了好几次都连不上，很辛苦。

此外，这个时候，硬盘诞生了，取代了之前的简易盒式磁盘。但是，硬盘存在的问题是，若最初不进行设置就不能使用，也就是说操作非常烦琐。即便打电话问制造商，制造商也只会推脱说"与简易盒式磁盘的操作是一样的"。于是，我让从中国台湾留学回来的研究生去操作硬盘。

《"超"整理法》的出版

1993年，我在中公新书出版社出版了《"超"整理法》一书。这是一本讲如何分类整理文件的书，有幸得到了很多读者的支持。

书中讲的整理方法，并不是根据文件的内容进行分类，而是按照时间顺序进行分类。我想到这个方法（排挤归档法[一]）的那一瞬间，至今依然记忆犹新，可以说那是改变我人生的一个瞬间。

我坐在书房，想要整理箱子里的文件，但是面对堆积如山的文件，分类工作让我疲惫不堪，无论怎么整理还是很乱。而且，分类整理这件事本身就是一个让人压力很大的事情。

于是，我想，索性就放弃分类，试试看根据时间排序。本来整理的目的就是为了方便找文件，而不是整理本身，想一个方便找书的方法就行。

虽然很早以前我就开始用电脑进行写作了，但是当时还是

[一] 排挤归档法的具体做法是，把文件分别放入文件夹里，依次把最常用的文件放在靠近自己的一边。拿出来使用过的文件不再放回原处，而是放到靠近自己的一边。长此以往就能将自己不常用的文件"排挤"到一边。

有相当多的纸质文件。

在很久之后我才知道,在我研究按照时间顺序整理文件的时候,计算机科学家们也在思考同样的问题。他们在研究一种叫作计算机"缓存"的记忆装置。计算机科学家们想到的方法的基本逻辑和"超"整理法是一样的。由布莱恩·克里斯汀和汤姆·格里菲思所著的《算法之美》(早川书房,2017年)中讲到了这一部分内容。

之后,我又相继出版了《"超"学习法》(1995年)《"超"整理法(时间篇)》(1995年)《"超"创意法》(2000年)《"超"文章法》(2002年)。其中,《"超"学习法》有幸登上了当年日本畅销书的第二位。

这些书都是我为了提升自己的工作和学习效率,将自己平时的实践经验记录下来的笔记。

对互联网的改观

不久后,人们就能上网了。一桥大学也安装了互联网的线路,但由于是拨号上网,所以速度很慢。

1996年,Windows 95上市,日本第一个门户网站"雅虎!日本"也开始运营。但是,由于当时的互联网速度相当慢,所以我对互联网能否用于工作一直持有怀疑态度。

1996年,我出版了《个人电脑"超"工作法》一书,书中就明确表达出了我对互联网的怀疑态度。

然而，在美国参加一个研究会的时候，我听一位参会者说"在网上可以找到各种信息"。于是我就登录了美国住房和城市发展部（HUD）的网站，结果发现确实有各种信息，而当时日本几乎没有值得看的网站。

此次之后，我意识到了互联网的重要性，于是我开始在周刊《现代》上连载"互联网指南"，想为日本国民开启一扇通向互联网的大门。这和当时雅虎想做的事情是一致的。

也是在这个时候，杰夫·贝索斯在西雅图的仓库创立了亚马逊。我去美国的时候，想要邀请贝索斯接受周刊《现代》的采访，遗憾的是最终没有实现。

当时的我认为，雅虎也好，亚马逊也好，都没多大区别。那时候，谷歌还没有创立。也正是那个时候，日本开始分配IP地址。我也轻松获得了一个"noguchi.co.jp"的域名。如今这种简单的域名已经很难申请到了。

我在调到东京大学的先端科学技术研究中心后，因为可以用几个研究室，所以就召集学生们开始研究课题。在学生们的帮助下，我在1989年开设了个人主页，如今该主页网站还在使用。

制造业由垂直一体化走向水平分工

水平分工成为一种新的商业模式

"水平分工"这一新的商业模式的出现,对制造业的生产方式产生了根本性的影响。在制造业领域,世界范围内都出现了"从垂直一体化走向水平分工"的趋势。

在此之前,制造业的主流生产方式是"垂直一体化"。这种生产方式的特点是,一项工程从开始到结束的所有工序都在一家企业里进行。

与此相对的就是"水平分工"。水平分工的特点是,一项工程的所有工作并不是在一家企业内部完成,而是由多家企业分别负责不同的工序,但是整体上又像是一个企业一样进行生产活动。

水平分工的生产方式最初应用于个人电脑的生产领域。例如,操作系统(基本软件)的开发由微软负责,CPU(中央处理器)的生产由英特尔负责,然后由戴尔或康柏等厂商来进行组装。

20世纪80年代,日本的个人电脑厂商都是采用垂直一体化的生产方式。但是,随着水平分工方式的普及,日本厂商逐渐难以应对,于是在短时间内,市场份额就下降了。下文中讲到的"康柏冲击",其发生的背景就有这一原因。

随着以中国为代表的新兴工业化国家和地区的快速发展，水平分工的优势不断增加。

之前，苹果公司一直都是采用垂直一体化的生产方式来生产个人电脑。从 2004 年 iPod 的生产开始，苹果将其生产方式转为水平分工的方式，然后开始专注于产品的开发设计和销售等这些前端和后端的工作。以苹果公司的设计为基础，世界各地的企业来生产零部件，之后再由富士康在中国进行组装。就这样，水平分工的生产方式成了制造业领域的新型商业模式。

廉价电脑就是世界经济结构变化的结果

在第一章中已经提到，从 1993 年开始，日元开始升值。书上说，"日元一升值，出口就会减少，进口会增加，贸易顺差就会减少"。但是，现实里发生的情况却并非如此。

在 1985 年的第一次日元升值冲击中，虽然出口减少了，但是进口也减少了，所以贸易顺差并没有减少很多。

在 20 世纪 90 年代中期的第二次日元升值冲击中，虽然出口增加了，但进口增加得更多，所以贸易顺差就减少了。

这一时期，进口显著增多的就是电脑（在贸易统计中，至今仍使用"电子计算机"这一名称）。从 1993 年到 1995 年，日本的电脑进口额增加了 2.2 倍，从数量上看，进口的电脑数量增加了 4.1 倍。

这一现象被称作"康柏冲击"。之前连名字都没听说过的美国康柏电脑公司,就这样推出了低价电脑。再加上日元升值,所以之前卖 50 万日元一台的电脑,到了 1992 年竟然不到 13 万日元,简直难以置信。我听到这个消息后,还以为是价格搞错了,应该有很多人都这么以为。

虽然电脑的价格低,但是性能并不差,所以康柏电脑的销量非常好。于是,一直以来被称为日本"国民机"的 PC98 系列电脑的销售遭到重创。

电子产品的进口激增

进口激增的并不只有电脑,电子产品的进口也在增加。从 1993 年到 1995 年,半导体、音像设备、通信设备的进口增加了近一倍。

也就是说,这一时期产生的进口增加现象,并不是只限于康柏电脑这一小范围内,而是电子产业领域发生了世界性经济结构变化的结果。

之前的日元升值并没有给日本经济带来严重的冲击。第一次日元升值冲击虽然造成了日元升值萧条,但从结果来看(通过降低日本银行的贴现率),引发了股价和地价的泡沫。从这之前来看,自 1971 年的"尼克松冲击",汇率制变为浮动汇率制后，基本上日元一直在升值，日本的经济也在持续增长。

第二次日元升值冲击，正好赶上世界经济结构变化，因此此次日元升值严重打击了日本经济。可以说，比起汇率本身的变动，世界经济结构变化的影响更大。因为，从20世纪90年代中期到1998年左右，即使日元一直在贬值，日本经济依然没有好转。这就足以证明世界经济结构变化的影响更大。

无法与新兴国家和地区竞争的日本制造业

就这样，20世纪90年代以后，新兴国家和地区的工业化、信息通信技术的革新以及由此带来的商业模式的变化同时发生着。这些基础的经济条件的大转变成功撼动了日本经济的基础。

日本一直以来从事的重化学工业和加工制造业，如今在中国能够低成本高效率地开展。中国拥有大量的廉价劳动力，这些劳动力承担着大量生产领域的生产活动，于是工业制品的价格在世界范围内都降低了。

即使日本制造业在制造过程中与中国厂商进行低成本竞争，也只会消耗大量的资源而已，根本没有胜算。时代已经发生了巨变。

在日本国内进行生产的企业也逐渐跟不上成本竞争。因此，日本企业也开始往来于中国等亚洲国家，不得不在这些国家开展生产活动。

面对这样的环境变化，发达国家都应该向苹果公司学习，将产品的开发、设计以及销售等附加值高的部分特殊化，与新兴工业国家和地区的制造业在合作共享的基础上相互协作。

此外，在技术不断革新的尖端服务业和IT产业等这些发达国家的企业能够发挥优势的领域，要利用并突出自己的优势。但是，这些领域都是日本大企业不擅长的。日本企业根本无法应对。

货币政策无法解决的问题

上文中提到的这些问题都是20年前的问题，同时，也是现在日本面临的问题。因为，应该如何发展日本经济，取决于如何理解从20年前起就开始低迷的日本经济。

人们普遍认为，引起20世纪90年代的经济低迷的，是日本金融机构的不良债权问题。从金融机构的立场来看，不良债权确实是十分重要的问题，而且也确实因此导致日本金融结构发生了变化，这也是不争的事实（关于这一问题，我会在第三章进行详细阐述）。

但是，不良债权问题基本上可以认定是金融机构自身的问题。从整个日本经济的情况来看，更加重要的是上文中提到的世界经济结构的变化。这是 IT 革命和新兴国家和地区的工业化发展引起的，是在供给方面发生的变化。因此，这是货币政策无法解决的问题。

如果推行宽松货币政策，那么日元就会贬值。在日元贬值的过程中，物价就会上涨，然后企业的利益就会增加，股价也会相应上涨。但是，这也只不过是暂时现象而已。尽管如此，日本政府还是想通过宽松货币政策使日元贬值，从而摆脱通货紧缩。

于是，日本政府就寄希望于汇率和货币政策。从 1993 年以后，日本政府开始间歇性地干预抛售日元，买入美元。之后量化宽松货币政策和大规模的汇率干预都与此相关。

直到现在，日本还在延续这种经济政策。正如我在第八章中讲到的，2013 年，基于这样的想法，日本政府开始实施大规模货币宽松政策。

像"博物馆"一样的英国复活了

二战后，英国的经济地位直线下降。生产设备老化，社会阶级矛盾激化，整个经济都失去了活力。到了 20 世纪 70 年代，英国甚至被形容为"英国病"和"欧洲病人"。终于，1973 年的第一次石油危机将英国推向了末路。

为了改变当时的状况，1979 年，玛格丽特·撒切尔宣誓就职英国首相。然而,事态并没能轻易扭转。

当时,我正与英国的研究人员开展一项共同课题,连他们自己都在自嘲,说"整个英国都变成大英博物馆了"。事实确实如此,要是去英国的地方城市,就会看到象征着大英帝国繁荣的市政府大厅无比豪华,而城市却毫无生机。放眼望去,只能看到"过去留下的宏伟遗产",确实就像博物馆一样。

20世纪90年代初期,英国的人均GDP只有日本的一半左右。所有人都认为,如此大的差距,英国绝对不可能超越日本。但是,这个"绝不可能"变成了现实,英国复活了。英国的"复活"并非依靠制造业,实际上,英国制造业到现在依然很薄弱。

让英国复苏的是高端服务业

事实上,让英国经济复苏的是高端服务业,尤其是金融业。随着其金融业的高速发展,金融业及其相关服务行业的就业机会大幅增加。20世纪90年代以后,金融产业成了牵动英国经济增长的引力。

此外,还有一点值得注意的是,即便在英国经济最差的时候,英国在信息和知识相关的基础设施方面也依然很强,尤其是大学,像牛津大学和剑桥大学,日本的大学始终也没有超过它们。

虽然英国的制造业一片惨淡,但是在信息、知识领域,英国一直都位居世界前列。

1986年,英国首相撒切尔夫人实行了史称"金融大爆炸"(Big Bang)的金融改革,更加推动了这一趋势。金融机构之间开始产生激烈的竞争,英国的金融机构几乎都被淘汰出局,留下的只有美国和欧洲各国的外资金融机构。这一现象通常被人称作"温布尔登现象"⊖。但是,这一改革也推动了只有有实力的金融机构才能生存的现象。

2004年,英国的人均GDP超过了日本,成为比日本更富有的国家。

美国的新产业也在不断成长

在第一章中我提到,20世纪80年代,我去底特律的时候,底特律的市中心宛若一片废墟。因为受到日本出口的压制,美国的汽车产业正面临破产。

但是底特律都市圈并不是整体都没落了。

当时,我住在一个叫南菲尔德的街区,这里离底特律市

⊖ 温布尔登现象,原本是指在英国举办的温布尔登网球锦标赛中,却几乎没有英国选手出场,十分讽刺。后来用于经济领域,指某个国家虽然已经成为国际性活动的场所,但是活跃着的却都是外国人。——译者注

中心有20多公里。在这里,现代化高楼林立,街上也很有活力,与底特律市中心是完全不一样的感觉,很让我吃惊。

此时,美国已经开始发展新的产业,南菲尔德逐渐成长为底特律都市圈新的商业中心。如今,微软、思科等高科技企业都在这里设立了办公室。

同样的事情,在美国的其他城市也发生了。

例如,匹兹堡。1875年,安德鲁·卡内基在这里建成了钢铁厂,开始生产钢铁。这家钢铁厂就是后来的卡内基钢铁公司。1901年,卡内基钢铁公司与其他两家钢铁集团合并,成立了美国最大的钢铁公司——美国钢铁公司(U.S. Steel),其总部就在匹兹堡。20世纪头10年,全美国生产的钢铁,有1/3到1/2都产自于匹兹堡。

但是,在20世纪70年代到80年代,美国的钢铁业开始衰退,工厂相继关闭,城市里出现了大量的失业者,到处都能看见荒废的钢铁厂和污染物,匹兹堡成了美国最不宜居的城市之一。

但是,匹兹堡的经济之后又复苏了,因为匹兹堡进行了以高科技产业为首,以保健、教育、金融为中心的产业结构调整,尤其是健康医疗产业的发展十分迅速。匹兹堡如今已是全美国第二的医疗研究城市。世界各地的企业和民间研究机构都集中在匹兹堡,这里成了一个巨大的医疗产业集聚地。

匹兹堡也因此成为了以医疗产业为核心，振兴当地经济的成功案例，备受瞩目。

克利夫兰也是这种发展模式。从五大湖上运来的明尼苏达州的铁矿石和铁路运来的阿巴拉契亚的煤炭都卸在这里，因此，克利夫兰的钢铁产业和汽车产业都很发达。到了1920年，这里的人口已经达到了80万人，成为美国第五大城市。

然而，到了20世纪60年代以后，重工业开始衰退，城市也变穷了，到了1978年，克利夫兰陷入了债务危机。城市日趋衰落，在60年代到70年代，克利夫兰甚至被称为"五大湖上的错误"（mistake on the lake）和"美国最惨的城市"。

但是之后，金融、保险、医疗等高服务产业取代了衰退的制造业，蓬勃发展起来。本来克利夫兰的医疗产业就很发达，集结了很多有实力的医疗机构，再加上很多医疗器械的供应商和医疗保健产业相关的企业也都聚集在此，这样就形成了一个医疗产业城市。如今的克利夫兰被称为"复活之城"（comeback city）和"美国最热闹的城市"。

这些找到新产业的城市以惊人的速度发展着（不过，这种模式以较为稳定的形式出现是在90年代后半期以后了）。

此外，美国的大学在战后一直处于世界学术研究的主导地位，这一点与英国是一样的。

看到了世界的变化

墙被拆除后看到了美丽的湖泊

2001年，我前往德国的波茨坦（位于柏林郊外的一个街道）与德国、美国研究者们一起开一个共同研究会议。

我曾在冷战时期去过波茨坦，当时是为了参加在柏林召开的一个学会的"远足项目"，是坐汽车前往的。

再次造访，首先让我感到意外的是，从柏林到波茨坦太方便了。在柏林墙还在的时候，光是通过那里就需要2个小时。但是，2001年的时候，坐电车不到30分钟就到了。

还有一件事让我吃惊的是，原来波茨坦的对面是一个美丽的湖泊。那么，为什么我在冷战期间来的时候并没有看到湖呢？

对此，一位德国学者告诉我原因后，我大吃一惊。原来这个湖在冷战期间就有，但是为了防止市民从湖里游泳逃跑到西柏林，就用墙把湖围起来了，所以外面的人看不到。

举办研讨会的酒店前面有一条路，据说在冷战期间，苏联的坦克每天都要来这里巡逻。

听研讨会的一位参会者说，当时，他与住在东柏林的女友总是一边躲着坦克的巡逻，一边偷偷约会，最后终于顺利结婚了。

此次研讨会的德国小组组长是一位比我稍微年长的教授，

他告诉我，二战末期，他和他的母亲是从东部地区逃命回来的。听了他的经历，我也告诉他，我是从东京大轰炸中幸存下来的人。我不禁感慨，也只能和德国人说这些了，和美国人是无法沟通这些的，而且也深刻感觉到"这个人是和我是一代人"。

为什么没能成为"德国的时代"

2001年的时候，我又在德国的高速公路上开车跑了一圈，我觉得以前的东德地区是有发展的可能性的。我当时想，如果东西德合并，那不就是德国的时代了吗？

光从奥运会的奖牌数来看，就有这种可能性。因为在冷战期间，西德和东德的奖牌数加起来位居世界第一。我把这一想法和一位德国的友人说了，他却说"根本不可能"。事实也确实如此。

现在回过头来看，我明白了其中的原因。因为德国的产业结构已经无法适应之后的时代环境了。20世纪80～90年代，世界经济已经发生了变化，而日本的产业已经无法应对这种变化，在这一点上，德国和日本是一样的。

受益于日元升值的海外旅行

20世纪90年代，我经常去国外出差，最多的就是学者之间的研讨会。

此外，那时我作为意大利米兰的博科尼大学的客座教授，进行了几次集中授课，而且与博科尼大学的教授们成为了朋友。

同一时期，我带着家人们一起去国外旅行过几次。因为那时正值日元升值期，所以去国外旅行也就比较容易。那时的旅行可以说是奢侈级别的了。

当时，我们一家人住在伦敦的克拉瑞芝酒店，我们开车从伦敦出发（还有一次是从格拉斯哥出发），一路开到了苏格兰的西海岸和斯凯岛，还开着车穿过阿尔比斯高山线路，到了位于奥地利附近的鹰巢（这里曾是希特勒的私人城堡）。此外，我们还从美国西海岸的西雅图到圣迭戈来回几次开车旅游。

正好孩子们那时候刚拿到驾照，而且还是学生，时间也很多，因此我们一路上交替开车，享受了长途旅行。我们家那时候的生活节奏正好与日元升值这一历史时期重叠，确实十分幸运。

20世纪80年代的海外旅行多是因为参加国际会议和研讨会，所以费用一般都是主办方承担，但到了90年代，就能自费去海外旅行了。正是因为日元的升值，去国外旅行才更容易。

日元升值对企业来说很不利，但是对于消费者和去外国旅行的人来说就是难得的机会。如今的实际汇率只是那时候的一半，所以现在的日本人已经不能再像当时那样奢侈地全世界旅行了。

2001年9月，被恐怖分子劫持的民航客机撞向美国纽约的世界贸易中心大楼。有一种大事件是那种大到"你清楚地记着那时候的自己在干什么"的事件，毫无疑问，"9·11"事件就是这种级别的大事件。我清楚地记着，那时候的我正在和家人一起在电视上看着这震惊世界的消息。

| 第三章 |

20 世纪 90 年代末期的金融大崩溃

大企业和金融机构的丑闻逐渐暴露

伊藤万事件暴露出的黑暗势力

20世纪80年代后半期,因泡沫经济而暴涨的日本地价,从1991年开始转为下降。与此同时,与泡沫经济相关的各种事件接连发生。

其中,给社会带来较大冲击的是伊藤万事件。伊藤万创立于1883年,是一家著名的纺织品批发商,这一时期已经发展成商社,社长是住友银行出身的河村良彦。

河村带来了专门做土地开发的伊藤寿永光,伊藤又带着一个叫许永中的来路不明的人。

伊藤寿永光在1990年2月以理事身份进入伊藤万,随后晋升为常务董事。此后他将伊藤万拉进自己之前亲自负责的项目中，然后以给高尔夫球场融资和买入收藏画的形式，从伊藤万提取巨额资金，累计提取的资金总额高达2500亿日元。

伊藤万开出的用于购买绘画的款项的汇票在1990年9月被带进金融公司，然后汇票的复印件就上市了。上市企业的汇票流转到金融从业者的手里并不是常见的事情。

10月7日，住友银行的会长织田一郎辞职，伊藤寿永光也被辞退，住友银行派出的审查团队入驻伊藤万展开调查。

在此之前的日本，黑暗世界的势力以及与黑暗世界密切相关的人们并不会公然在社会上抛头露面。但是在伊藤万事件中，这些黑暗势力公然出现在一些上市的大公司里，并肆意操控公司，掏空公司。

很多人都想象过，这些黑暗势力会与大企业在某些地方有着牵扯，然而人们没想到的是它们之间竟然有这么明目张胆的关系。之所以伊藤万事件给日本社会带来很大的冲击，是因为这一事件与以往日本的经济事件完全不同。

这一时期，还有其他金融机构的丑闻被曝光出来，像富士银行的不正当融资事件、兴银尾上的欺诈事件等。但是，人们认为，这些事件都只不过是负责人的个别情况引起的特殊丑闻。

二信组事件与大藏省官员

1993年8月，宫泽喜一郎内阁集体辞职，自民党政权瓦解，非自民党联合政府细川护熙内阁成立。由此，日本政坛的"55年体制"（1955年，日本保守势力的各党派和革新势力的各派各自进行了联合，形成了代表保守势力的自由民主党和代表革新势力的社会党保革对立为特征的体制，在日本历史上被称为55年体制）终结。1994年4月，羽田孜联合内阁成立，同年6月，村山富士联合内阁成立。

1995年1月，阪神大地震发生，同年3月，奥姆真理教在东京地铁制造了松本沙林毒气事件。就这样，动摇日本根基的社会性大事件不断发生，日本国民这时才幡然醒悟，发现自己正处在一片狼藉之中。

从那时候开始，整个日本的社会氛围开始急速恶化。到了20世纪90年代末期，银行的不良债权越来越明显，金融机构相继破产。一种无法挽救的绝望感在整个社会蔓延，社会上甚至流传着"世界末日论"。

1994年秋天，东京都政府和大藏省联合对"东京协和信用组合"和"安全信用组合"进行调查，结果发现了巨额的不良债权。由此，"二信组事件"被曝光。

之后，二信组与EIE的关系，EIE和大藏省官员的关系也被曝光出来。EIE是一家度假村开发公司，其社长高桥治则也是东京协和信用组的理事长,而高桥治则的好友是安全信用组的理事长。

在第一章中已经讲到,在20世纪80年代的房地产泡沫时期,EIE通过开发高尔夫球场获得巨额利润,并开始开发海外度假胜地。日本长期信用银行成为EIE的主要银行,一直在给EIE提供资金。

1991年年末,EIE的资产已经超过了6000亿日元,整个EIE所在集团的资产超过1万亿日元。这一数值,是能与老牌不动产公司三菱地产比肩的数字。三菱地产的资产也就1.7985万亿日元。

但是,问题在于这些资产的具体项目。这1万亿日元中,有6027亿日元是借来的,因此光是每年要支付的利息就有400亿日元。

另外,EIE的销售额只有几十亿日元。这俨然就是一个"空中楼阁",因为如果其持有的资产不能连续升值,那么它就根本无法维持企业的运营。

泡沫经济崩溃后,这个"空中楼阁"很快就垮塌了。曾经在泡沫经济时期,卖到3000万日元的皇家草甸高尔夫俱乐部的会员权益,在泡沫经济崩溃后,暴跌至数十万日元。

1993年,日本长期信用银行停止了对EIE的支援,之后高桥又将二信组作为自己的资金来源。当然,大部分的融资都是坏账。

1995年1月,东京共同银行成立,受理正常的债权和其他各项事务,不良债权由共同债权收买机构收购(东京共同银行后来成为整理回收银行,之后又与住宅金融债权管理机构合并,成为整理回收机构。)

但是,在日本央行和民间金融机构出资后,东京都就冻结了低利率贷款,因此当初的方案就不得不进行调整。1995年4月,在竞选时许诺"不会给二信组拨款"的青岛幸男当选东京都知事。事态变得更加混乱复杂。

"住专处理"引发国会审议大混乱

在这一时期,住宅金融专门公司(以下简称"住专")的不良债权问题也浮出水面。

住专原本是从事专门面向个人的住房贷款业务的,是由银行等机构共同出资在20世纪70年代成立的金融机构。但是,进入80年代以后,由于各大银行也开始从事住房贷款业务,住专原来的业务几乎没有什么发展。

因此,住专开始进入投机性的房地产融资领域。在住专为其提供融资的企业中,有像桃源社、末野兴产等这些后来被起诉的问题企业。

1995年夏天,大藏省对8家住专公司进行调查,结果发现了超过 8 万亿日元的巨额不良债权。农林系统的金融机构向住专投入剩余资金，但拒绝承担损失，因此，对这一问题的处理就成了一个政治性问题。

是否应该向住专注入政府资金成了 1996 年的国会审议的最重要课题。那次国会甚至被称为"住专国会"，国会审议也因此陷入一片混乱。

住专问题的处理成了荆棘塞途的困难作业，围绕"谁来分担这一负担"争执了多次后，国会最终决定由政府投入 6850 亿日元的财政资金。

1995 年 12 月 29 日，大藏省事务次官筱泽宣布辞职。次年 1 月，村山内阁集体辞职。

大藏省丑闻

丑闻让大藏省失去权威

那一时期，EIE 的高桥周围也暴露出了大藏省的丑闻。1995 年 3 月，高桥在国会上披露了曾用私人飞机接待东京海关关长田谷广明到中国香港旅游的事实。此外，高桥与大藏省主计局次长中岛义雄的往来也被曝光。田谷和中岛二人也因此受到大藏省的警告处分。

1995 年 6 月，高桥因涉嫌在二信组事件中徇私舞弊而被捕。7月，媒体大范围报道中岛疑似在搞副业，中岛也从大藏省辞职。

就这样，大藏省的丑闻接二连三地被曝光，闹得沸沸扬扬，整个日本就像被捅了马蜂窝一样。

当时，我还安慰身处漩涡中的几位朋友："真是太乱了，你们真的挺可怜的。"但是，不久后，媒体就报道了让我难以置信的事情。我从一开始的惊愕，感慨"他们在我不知道的情况下，都做了些什么"，到后来变为"被信任的人背叛了"的苦涩而复杂的心情。

我亲眼看见了曾经的同事和上司被卷入这个巨大的漩涡中，也看到了这些人的人生由此而发生的巨大变化。

很多人为了扭转局势奋力拼搏，但都进展不顺，还要遭到整个社会的批判。许多人都深陷丑闻，最终退出了舞台，甚至还有几个人选择了结束自己的生命。

大藏省的社会信任完全崩塌

这一系列的事件最终造成大藏省的社会信任完全崩塌。泡沫经济时期的大藏省官员的道德底线与泡沫经济之前相比更低了。他们的公务接待超标问题被整个社会批判。当然这确实是问题，但是我认为下面两个问题更加严重。因为，大藏省要想获得社会的支持，不仅在道德层面上要清廉，理论上的正确性也是不可或缺的。

首先就是道德层面要正直。大藏省的很多官员都认为"只要掌握了有力的政治家,政策就能实行,其他的都无所谓""无论是好人还是坏人,只要和强大的人成为伙伴就可以了"。这种马基雅维利主义⊖的思想,一直以来都存在于大藏省之中。可事实上正是因为有整个社会的默默支持,所以大藏省才能令行禁止。一旦社会信任崩塌,无论有多强大的政治家做后盾,都无济于事。这么理所当然的事情,大藏省在这个时候才认识到。

其次就是理论上要正确。大藏省在这一点上也远远不够。之前的大藏省,针对一个问题会进行相当严密的讨论和把控,甚至会对一件事做到什么程度都要严肃讨论(我当时在大藏省主计局工作的时候,常常因为法规课过于细致的讨论而感到头疼)。但是在处理不良债权的时候,大藏省的态度就变得软弱了。

如今距离那时已经过去 20 多年了,问题是现在还没有构建起一个新的系统。可见,日本的统治机构明显退化了。

2018 年 3 月,日本财务省被曝出篡改向"森友学园"出

⊖ 马基雅维利是 15 世纪文艺复兴时期意大利著名的政治思想家和哲学家,主张为达目的可以不择手段。他所著的《君主论》一书提出了现实主义的政治理论,其中"政治无道德"的权术思想,被人称为"马基雅维利主义"。——译者注

售国有土地相关审批文件。"社会信任是财务省权力的根据地"这一点，财务省最终也没认识到。

山一的破产

巨额潜亏[一]

山一证券是 1897 年（明治 30 年）创办的著名证券公司。1997 年 8 月 11 日，山一证券的第 13 任也是最后一任社长野泽正平，在对山一证券的巨额表外损失毫不知情的情况下就任了社长。

野泽知道巨额账外债务是在 8 月 16 日。公司的三位董事告诉他，山一证券的表外损失有 2600 亿日元。

当时，山一证券自有资产约 4000 亿日元，这 2600 亿日元的亏损额已经超过了自有资产的一半，而且山一证券还通过报表粉饰[二]来掩盖这部分巨额亏损。在三位董事向野泽说明情况的时候，野泽一言不发，双手无力地垂着，一直低着头，听完也没有从椅子上站起来。

19 日，野泽去找前会长行平次雄的顾问，询问眼下应该

[一] 潜亏，是指企业尚未表现在账面上的亏损或减利。——译者注
[二] 报表粉饰，简称"粉饰"，泛指企业旨在美化财务报表的各种活动。假账的形式之一。——译者注

怎么办，然而得到的却是极其不负责任的回答，行平次雄说，"只要业绩好了，亏损很快会消除的"。

营业特金、"放飞"和"舱外游走"

造成如此巨额账外债务的元凶就是山一证券的"营业特金"。营业特金是一种企业将资金委托给证券公司，由证券公司负责运营的特定金钱信托㊀（除山一证券外，其他证券公司也在开展类似业务）。因为资金的运用完全由证券公司决定，所以证券公司就可以自由买卖，这样就能赚取大量的手续费。证券公司还用这种方法来操控行情。而企业一方，因为是完全委托，所以企业的收益也能获得保证。

但是，一旦股价下跌，营业特金就会遭受巨额损失。这时候要进行的操作就是"放飞"㊁。这种方法就是将潜在亏损的股份暂时卖给其他企业。

这时，能够灵活配合操作的就是东急百货店了。因为东

㊀ 特定金钱信托，是指在该项信托中金钱的运用方式和用途由委托人特别具体指定，受托人只能根据委托人指定的用途运用信托财产。上文中提到的营业特金则是由受委托者委托的证券公司来完全负责投资运营。——译者注

㊁ 日文原文是"飛ばし"，源于日本的金融术语，英文"Tobashi"也源于该日语词汇，属于一种故意掩盖亏损的欺诈行为，有人将该词译为"资产负债表外融资"。具体做法是，当公司持有的有价证券市价大幅下跌时，以接近账面价值的价格暂时出售给结算期不同的其他公司，从而避免或推迟在财务报表中计入亏损。——译者注

急百货店的结算时间与其他公司的结算时间正好错开,所以很多马上进行结算的公司会将持有的股份临时转移到东急百货店,等到了东急百货店的结算期,再转到别的公司……就这样,很多公司之间来回反复操作,甚至有一些股份最开始是从哪个公司出来的都不知道。这种情况被形象地称为"舱外游走"。

1997年9月,山一证券前社长三木淳夫和几名职员因涉嫌利益输送被捕。由此山一证券的信用彻底崩塌,大量客户流失,股价也急速下跌。进入10月后,山一证券对其支持银行富士银行提交了亏损说明报告,并申请支援,然而富士银行却回复称"超出了银行的预想"。与此同时,山一证券还努力对外寻求帮助,找德国商业银行、瑞士信贷集团等外资企业推动合作,但都没有达成。

自主停业

到了1997年11月,事态急转直下。11月3日,三洋证券宣布破产,紧接着,山一证券也开始抛售股票。短期的资金周转也出现了困难,连是否能够坚持过11月都是未知数。

17日,北海道拓殖银行宣布破产。19日,大藏省的证券局局长长野庞士对山一证券社长野泽说:"希望你们选择自主停业。"野泽低下头说:"局长,无论如何,请您帮帮我们。"

22日,《日本经济新闻》早报刊登了关于"山一证券自主停业"的消息。山一证券的大部分职员都是通过报纸才知道"自主停业"这个词的。

24日，虽然是星期一，但因为是连休，所以银行在这一天也休息。从上午6点，山一证券就开始召开临时董事会，会上决定自主停业，紧接着就向大藏省大臣提出暂停营业的申请。上午11点30分，社长野泽出席了记者发布会。

记者的提问刚刚结束，野泽突然站起来，一边哭泣一边大声地说道："我们的职员们没有错！大家都认为是我们的错。拜托了，请让我们重新就职！"

1998年3月，行平次雄、三木淳夫等一行人因涉嫌伪造虚假的有价证券报告而被东京地方检察院逮捕。虽然山一证券是朝着自主停业的方向推进事务的处理，但因为在1998年6月的股东大会上，支持解散的股东人数不足，所以最终应对方针转变为申请破产。1999年6月，东京地方裁判所宣布山一证券破产。

长银的破产

特权组织的迷途

1952年成立的日本长期信用银行（长银⊖），是战后日本顶

⊖ 日本长期信用银行是根据《长期信用银行法》设立的三大长期信用银行之一，另外两家长期信用银行是日本兴业银行和日本债券信用银行。

端的特权组织之一。谁能想到,这样的精英组织会破产呢?

在即将步入职场的学生们当中,长银很有人气,只有成绩十分优秀的人才能进去。与都市银行相比,长银的职员很少,可以说是一个精英团队。

进入20世纪80年代,大企业逐渐开始脱离银行,长银也面临着很大的危机,不过长银很快就提出了积极应对这种态势的对策。

1985年,长银制订了"第五次长期经营计划",开始向投资银行转变。此次计划想要将长银转变为一个提供高端金融服务的银行,涉及的业务有收购公司债券、并购中介业务、金融衍生品等。

但是,随着房地产泡沫的发展,重视融资的传统银行业务路线在行业内成为主流,长银不得不放弃投资银行的路线。

紧接着,1989年第六次长期经营计划启动了。该计划着力于传统银行的延长业务,如扩大对中小企业的贷款和房地产贷款。同年6月,堀江铁弥就任行长,开始了积极的融资。在银行里,连抵押品都没看过就胡乱贷款的情况已经成为常态。

通过专门进行融资的金融机构来进行土地担保的融资也在不断扩大,很多无法从长银本行融资的项目都通过这些机构进行融资。

此外，对EIE的融资也在急速增加。但是，泡沫经济崩溃后，EIE的经营状况开始恶化，1991年归属于长银的管理之下。上文中已经提到，1993年，随着二信组问题的暴露，长银终止了对EIE的支援。

持续经营导致不良债权被隐藏

泡沫经济崩溃带来的问题在长银旗下专门进行融资的金融机构中暴露出来。但是，因为各个融资的金融机构都是分散地进行融资，所以就连银行行长也无法掌握不良债权的整体情况。

于是行长紧急开展调查。到1991年末调查完毕后，发现整个长银集团持有的不良债权总额竟然高达2.4万亿日元。拿到调查报告的堀江行长，采取的行动不是马上处理这些不良债权，而是掩盖。也就是说，长银选择了和山一证券一样的路。

此时，EIE的手里还有很多正在建设的酒店和海外度假胜地的项目，但是长银并没有马上处理这些项目，而是打算等这些项目完成后再处理。然而，不良库存⊖一直在增加，当初EIE背的600亿日元的贷款，此时已经涨到了3800亿日元。

⊖ 不良库存是指工厂、仓库或零售店等长期未售出的库存。——译者注

此外，长银还成立了好几个空壳公司，用来转移不良债权。当贷款变成不良债权时，空壳公司就以账面价值收购抵押的土地，然后用这部分钱再去还贷款。空壳公司获得购买土地资金和建设房屋资金的贷款，然后在这块土地上建房子再出租，用租金来支付利息。通过这种操作，就能将不良债权变成面向空壳公司的健全债权。

这种操作最早的运用是在建设 EIE 总部大楼的虎之门大楼的时候。在 EIE 归长银管理之后，虎之门大楼被相关金融机构卖给空壳公司，然后虎之门被出租给了德国银行。显然，其租金收入完全够用来支付给金融机构的利息。只要支付了利息，在信息公示上就是不属于不良资产的定义范围之内，而且在相关部门的审查中，也不会被认定是不良债权。

像这样，给不良债权的抵押不动产中注入新的资金，让其继续存续的方法，长银内部称之为"持续经营"。未完成的项目，等它完成就可以了。根据这一方针，长银还向静冈县的初岛俱乐部投入了近 400 亿日元的资金。

当然，如果地价持续下跌，空壳公司的财务报表也会持续恶化。但是，如果不把空壳公司纳入集团内的子公司中，那么财务报表就可以不公开，相关部门在审查的时候，它也不会成为直接的审查对象。

这些空壳公司，光是直属于长银的就有 19 家，整个长银集团共有99家。光是这19家，就隐藏了高达6960多亿日元的不良债权。

走投无路被国有化

长银一开始想要通过与瑞士银行的合作来寻找出路，但是双方的谈判一直没有进展。

当时，长银的股价一直在200日元左右波动，但是1998年6月初，月刊杂志《现代》刊登了关于长银经营危机的消息后，长银的股价急速下跌。面对这一情况，6月26日，长银突然宣布了与住友信托银行合并的消息。

随后，在7月12日的参议院选举中，自民党大败。7月22日，长银的股价跌至49日元，陷入跌破票面价格的窘境。

7月30日，自民党第十八任总裁小渊惠三当选日本第八十四任首相，宫泽喜一任大藏大臣。

事实上，早在半年前，长银就已经"死了"。要想开展国际业务，就需要有足够的自有资本比率，然而长银的自有资本比率不够，本来可以通过瑞士银行的支援来增加自有资本，却因股价下跌而无法实现。话虽如此，短时间内从国际业务中撤出来也是不可能的。长银陷入了无法熬过3月末结算期的窘境。

不过，1997年12月末，自民党公布了30万亿日元的救助方案。1998年3月,长银从中获得了1766亿日元的支持,才得以活下来。从这个时候开始,这种方式被说成是以长银为首的实际上已经属于破产银行的"续命术"。

从1998年7月到10月召开的临时国会上,救助长银成了最大的议题,因此当时的国会被人们称作是"金融国会"。自民党(特别是宏池会),无论如何都想给长银注入公共资金,而以民主党为首的在野党则想让长银破产并转为国有。

在自民党内部,有一群被称作"政策新人类"的人们与老一辈的人们对立,反而与民主党的看法一致。于是,大藏省陷入了无法抉择的窘境。甚至有人说"这简直是在火灾现场讨论灭火方法",整个国会讨论陷入持续混乱的状态。

9月25日深夜,自民党完全接受了民主党提出的《金融再生相关法案》的议案,决定将长银临时收为国有。10月12日,《金融机能再生紧急措施法》颁布,16日,《金融机能早期健全化紧急措施法》颁布,23日,长银申请特别公共管理。政府将所有的普通股票取回,长银临时归为国有。

9月末,日本金融再生委员会决定将长银转让给以美国里普尔伍德控股公司为核心的国际投资组合。2000年2月,双方缔结了最终转让契约,3月长银的新业务就开始了。6月,长银改名为"新生银行"。

12月13日,日本债券信用银行(以下简称日债银行)被认定有实际超过2700亿日元的债务，根据金融再生法，该行也被置于特别公共管理之下，暂时国有化。

人们并没有意识到是国民背负着重担

公共资金的投入让国民背负了10万亿日元的负担

在长银为期18个月的特别公共管理期间，日本政府给长银投入的公共资金高达6.95万亿日元。加上对原日债银行的救助，政府共注入了超过11万亿日元的公共资金，其中7.7622万亿日元被确认为亏损。也就是说，国民需要背负的负担约7.7622万亿日元。

政府对包括这两大银行在内的破产金融机构的救助，导致国民需要背负的负担总额在2003年3月末达到了10.4326万亿日元。相当于每个国民身上都有8万日元的债务，如果一个家庭有五口人，那么这个家庭就有40万日元的债务。

但是，整个社会都没有意识到国民承受了这么大的负担。在之前政府处理住专问题时，国民得知政府投入了6850亿日元的救助后强烈抗议，而现在这个时候国民却意外地安静。

这是因为此次政府投入资金的方式采用了国民难以发现的方式。在处理住专问题时，国民要负担的金额被明确列入国家预算中，所以会引起国民的强烈不满。而此次公共资金的投入是通过存款保险机构的支出来进行的,所以国民并不清楚自己需要负担多少。之后,即便知道了需要负担的金额,许多人都会认为可能是金融危机,然后忘掉这事。

活下来的银行经过几次合并,逐渐变大,也就不那么容易破产了。但是,日本的金融体系并没有真正改变,改变的只有银行的名字。

免税偿还让法人税减少了 39 万亿日元

日本的土地资产总额从 1990 年的 2452 万亿日元,减少到 2004 年的 1244 万亿日元。但是,这只是从数字上算出来的。泡沫经济的崩溃并没有使财产真正消失,这与战争和自然灾害造成的财产损失有着本质上的区别。

要说损失,首先能确定的损失就是政府给金融机构投入的部分公共资金。这部分资金都是国民(纳税人)负担着,上文中也提到过,负担总额高达 10.4326 万亿日元。

根据日本金融厅的资料,全日本所有银行的不良债权处理总额从 1992 年到 2006 年累计约有 97 万亿日元。简言之,就是银行贷出去的款中,有 97 万亿日元无法收回(或者无望收回),所以银行不得不将其作为亏损处理。

但是,以泡沫经济崩溃前的日本税制来看,在贷款机构未破产的存续期间,原则上不能将其不良债权认定为坏账损失

（因为假如无条件地将金融机构的不良债权认定为坏账损失，那么金融机构就能轻易逃税。这种不把不良债权作为坏账损失处理，而是在计算应纳税所得额时也计算在内的情况叫作"有税偿还"）。

但是，为了推进不良债权的处理，税制调整了部分规定，改为在特定的条件下，"即便贷款机构没有破产，其不良债权也能被认定为坏账损失"（这种情况叫作"免税偿还"）。由此，不良债权的处理有了进展。

在对不良债权的处理中，有多少是属于免税偿还，我们并不清楚，但是可想而知，大部分应该都是免税偿还。假如全部都是免税偿还的话，上文中提到的近 97 万亿日元的处理总额，乘以法人税实际税率 40%，得出的数额约为 39 万亿日元。这 39 万亿日元就是金融机构少缴纳的法人税金额。20 世纪 90 年代以后，日本的法人税收急剧减少，这也是其中的一个重要原因。

平均一家人合计共有 192 万日元的负担

不良债权的免税偿还，本来就是一个不被认可的措施，是特例。因此，这 39 万亿日元可以看成是对银行的补助金。

假如把这 39 万亿日元与政府给金融机构投入的 10 万亿日元的公共资金加起来，那么纳税人的负担就高达 49 万亿日元。也就是说，国民人均要背负38.5万日元的负担，如果是五口之家，那么这家人就需要背负192万日元。这还只是平均值，对于那些纳税额高的人来说，无疑要背负千万日元级别的负担。

就是因为银行的随意放贷，才造成如此大的债务，而这些都被纳税者承担了。而且，这些资金的投入采取了让人难以发现和理解的形式，所以很多人都不知道自己身上的负担。

同时，也有人从中受益，那就是从银行和金融机构贷款却没有还钱的企业。但是，我们并不知道具体是哪些企业。能让如此违背常理的事情泛滥猖獗的国家，全世界应该也只有日本了。

因为政府出手帮助解决不良债权的问题，所以大部分的银行都活了下来。日本的金融体系也没有陷入大混乱，得以维持。如果发生了大规模的金融混乱，可能会以其他的形式产生更多债务，其金额也可能会比上文中提到的实际数额更大。

为了稳定日本的金融体系，纳税人付出了巨大的代价。也许有人会说："事到如今，这样算也没用。"确实，即使计算了，也不能挽回这些负担。

但是，我们绝对不能忘记这件事。因为我们没有吸取泡沫经济的教训，日本金融机构的基本体制也没有改变。一旦相应的经济条件具备，泡沫就会再次产生，到时候，国民还会再次被迫背上同样的负担。

不能忘记的事情，却被遗忘了

还有一点需要指出的是，不良债权的处理花费了相当长的时间。

如第五章所述，雷曼事件后的美国，在极短时间内处理了问题。在这一点上，日本与美国有很大的不同。

之所以日本花费了很长时间，是因为人们认为"地价和股价的下跌是暂时的，过一段时间就会恢复。所以在此之前，掩盖问题就可以了"。

例如山一证券，为了掩盖亏损问题，进行"放飞"处理。这是将一家企业的损失转嫁给其他企业的复杂操作。这个秘密被揭开是在山一证券破产之后。其他金融机构的操作也是大同小异。

人们认为危机是暂时的，也不是没有依据。因为二战后日本的经济衰退也是暂时的。

但是，人们没有认识到的是，20世纪90年代的经济萧条是因为世界经济的变化而产生的结构性问题。

此时，日本人的历史认知受到了考验，然而，没人拥有正确的历史认知。至少，日本人没能从根本上改变企业的商业模式。

直到现在,日本经济的基本结构依然没有改变。因此,现在回顾当时的事情还是有意义的。

2018年是"雷曼事件"(参见第五章)的第10年,报纸杂志等媒体制作了很多大的特辑来回顾当年的情况。然而,2018年也是山一证券、长银、日债银行破产的第20年,但是回顾当时历史的报道却很少。

日本人虽然清楚地记得在美国发生的金融危机,却忘记了在日本发生的金融危机。尽管这是不能忘记的事情,但还是被人忘记了。

美英金融业的大变革

之所以日本在20世纪80年代爆发房地产泡沫,是因为日本的金融体制无法应对世界经济的变化,只能以房地产投资这种单一的方法来谋利。

在经济高速增长结束后,长期信用银行制度已经成为无用之举,但此时的长银并没有改变原有的商业模式,而是开始投资房地产。

与日本不同,20世纪90年代,美国和英国的金融业都发生了大变革。

在美国,摩根士丹利、高盛、雷曼兄弟等投资银行成长起来，通过外汇和债券交易获得了巨额利润。1999年，美国还废除了《格拉斯－斯蒂格尔法》[⊖]，消除了银行业和证券业的壁垒。此外，随着金融理论在实践中得到积极应用，对冲基金也得到了发展。

在英国，1986年，首相撒切尔夫人实行了史称"金融大爆炸"（Big Bang）的金融改革，英国的传统银行几乎全部被淘汰。如今活跃在伦敦金融街的金融机构，和20世纪80年代的完全不同。

美国和英国的金融业变革并不是源于政府的改革政策。政府所做的只是放宽限制，主导改革方向的是市场力量。但是，在日本，这样的市场力量并没有发挥作用。

被当作替罪羊的人们

必须找个替罪羊的日本社会

在第一章中，我曾提到，日本社会无法应对世界经济的巨大变化，是因为日本人对组织过于依赖，且太相信组织。人们都认为组织会永远持续下去，无论如何肯定是能依靠得

⊖ 《格拉斯－斯蒂格尔法》，由美国民主党参议员卡特·格拉斯和众议员亨利·B.斯蒂格尔于1932年提出。该法案是在1930年代大危机后的美国立法，将投资银行业务和商业银行业务严格地划分开，保证商业银行避免证券业的风险，使美国金融业形成了银行、证券分业经营的模式。——译者注

住的。

20世纪80年代的苏联基本上也处于同样的状况。无论是1983年的大韩航空007号班机空难,还是1986年的切尔诺贝利核事故,都反映出苏联作为一个国家缺乏掌控局面的能力,其背后也是人们对国家的毫无限制和根据的依赖心。

我们都知道,仅依靠国民对国家的信任是不可能维持社会的。苏联存在的问题,伴随着国家的解体,得到了解决。

而日本没有出现国家崩溃的情况,所以最终选择以把责任推给谁的方式来解决问题。通过这种方式苟活下来的日本社会,简直是病态。

我至今忘不了下面这两位。

第一劝业银行前会长宫崎邦次

一位是第一劝业银行前会长宫崎邦次。宫崎先生在1997年6月自杀了。在他自杀的前一个月,第一劝业银行对总会屋⊖的利益输送一事被曝光。

我曾有幸和宫崎先生同参加过一个聚会,他坦率而富有魅力的人格打动了我。宫崎先生1988年就任行长,1992年就任会长,1996年退任顾问。1997年春,第一劝业银行对总会屋

⊖ 总会屋,指某些日本企业中的特殊股东,他们通常持有企业一定数量的股票,通过滥用作为股东的权力,向企业索要财物等。

的利益输送事件曝光后，作为该事件的关键人物，宫崎先生接受了东京地方检察院的调查，在自杀的前一天也接受了调查。他必须自杀的理由是什么？真相至今仍是个谜。

不过，我听说过一些关于他的小事，从这些小事中也能看出他的人品。宫崎先生40多岁的时候，在第一劝业银行东京支行工作。当时我的一位友人去银行拜访时，看见宫崎先生下班后还在一个人打扫卫生。据说在宫崎先生的行长就职演讲期间，他被邀请参加母校的早餐会，人们让他坐在主宾席，他一边说着"不，不能坐这里"，一边跑到坐在下座的干事旁边坐下。拍纪念照的时候，他也避开了中间的座位，走到了最边上。

我的同学说，他至今都无法忘记宫崎先生在就任行长前说过的那句话，"银行并不是多好的地方。如果人生可以再来一次，我想成为电影评论家"。在担任行长期间，他依然每周去一次电影院，还在周刊杂志上连载电影评论。

在接受媒体采访时，宫崎先生还表达了他对电影的憧憬。听说他的电影试映会邀请券堆积如山，但每次还依然坚持自己买票[⊖]。

没能和宫崎先生聊聊电影，我至今仍感到遗憾。

⊖ 资料来源：读卖新闻《会长为何自杀——受到诅咒的金融业》。

日债银行的最后一任会长洼田弘

另一位是日债银行的最后一任会长,洼田弘。

洼田弘,因博览群书而被人们熟知,曾任大藏省的理财局长和国税厅厅长,1993年被委任对日债银行不良债权问题进行最终处理。然而,此时日债银行的不良债权问题已经无可救药了。

1998年12月,日债银行的三位前高管因涉嫌报表粉饰被捕。2004年5月,东京地方法院做出有罪判决(洼田弘被判处有期徒刑1年零4个月,前行长东乡重兴和前副行长岩城忠男被判处有期徒刑1年,均缓期3年执行)。

在此次审判中,针对银行对不良债权进行自行核定是否违法的问题,起了争论。被告认为"银行有权自行审定不良债权"。法院则认为"1997年大藏省发布的关于资产核定的通告是金融机构应该遵循的唯一会计准则",并驳回被告的无罪申诉。

包括我在内的很多人都无法理解法院的有罪判决。因为,除了对会计准则的法律解释不一致外,他们并不是造成银行破产的元凶。

此后,洼田弘不得不进行上诉,因为不是自己做的事却被迫承担了责任。过了几年,东京高等法院重新审理此案,对三人做出无罪判决。然而，那个时候洼田先生已经重病缠身了，没过几年就去世了。

我虽然没有在洼田先生的手下工作过，但是曾一起参加过研讨会。很多人都称赞他的人品。然而，日本社会却让这样的人成为牺牲品，简直是病态的社会。

长银的情况也是如此。造成银行破产的元凶没有被定罪，实际上被判决的，只是替罪羊。

以上两位先生，是我们永远都不能遗忘的人。

| 第四章 |

21世纪日本经济的虚假繁荣让改革渐行渐远

日本经济大幅下滑，日本政府开始大规模干预汇率

2003年的大规模干预汇率

20世纪90年代末的日本，不仅仅金融机构相继破产，日本经济整体都在急速下滑。为了应对这一情况，日本政府采取了各种办法。

在金融政策方面，日本央行于1999年实施零利率政策，之后又在2001年推出量化宽松货币政策，还有一项措施，就是直接干预汇率。

为了阻止日元持续升值，日本政府和央行采取了汇率干预的措施，于2003年1月开始频繁抛售日元，买入美元。

仅从2003年1月到3月，日元汇率干预金额就已达到2.3万亿日元，之后逐月上升，干预金额已经达到了前所未有

的庞大规模。干预的目的是，阻止日元升值，让日元对美元汇率不低于1美元兑100日元。到2004年4月，干预金额累计已经达到35.2万亿日元。

但是，日元在2003年并没有因此而显著贬值。大规模的汇率干预只是阻止了日元继续升值。

对于日本的这一举措，美国政府并没有做出明显的批判。这是因为，日本在干预汇率的过程中，其中的美元资金也被用于购买美国国债。

对于正埋头于伊拉克战争的美国来说，通过对双赤字（贸易赤字和财政赤字）进行融资来抑制利率的上升，是非常合适的。市场相关人士认为，美国货币当局容忍了日本的干预政策。

2004年股价回升

伴随着日元的贬值，汽车、电器等大型出口企业的利润开始激增。2004年3月初，日经平均股价时隔1年零9个月再次超过了1.15万日元。

但是，随着日本经济的复苏，海外出现了一些反对意见，认为"日元贬值会削弱欧美企业的竞争力"。

于是，2004年3月2日，美国联邦储备委员会主席艾伦·格林斯潘针对日本政府的汇率干预行为，表达了不满，他表示:"日本已经没有必要继续进行大规模的汇率干预来阻止日元升值了。最近的经济动态证明了这一点。"

日本政府和央行在接收到格林斯潘的警告后,于 2004 年 3 月 5 日停止了之前以万亿日元为单位的干预措施,并于 3 月 16 日完全停止了对外汇市场的干预。

2005 年开始的日元套利交易

即使在日本政府停止汇率干预之后,日元汇率依然持续走低。从 2006 年到 2008 年,日元对美元的汇率基本上维持在 1 美元兑 115 ~ 120 日元的范围内。

日元持续贬值,是因为从 2005 年开始,美国的利率上升了,由此日美的利息差扩大了。这就引发了日元套利交易,从而加速了日元贬值。2007 年夏天,日元对美元的汇率达到 1 美元兑 120 日元。

所谓日元套利交易,是指对冲基金或个人投资者用借入的低利率的日元资金购买美元,运用美元资产进行的交易。虽然这是一种投机性交易,但只要日元不升值,就能获得与日美之间利息差相当的收益。

日本政府从 2003 年开始的大规模汇率干预,让全世界认为,日本政府不允许日元升值,要让日元对美元汇率不低于 1 美元兑 100 日元。于是,日元套利交易更加促进了日元贬值,这一结果完全符合日本政府控制日元升值的目标，而同时也导致了"投机引发投机"的泡沫状况。

这种现象在20世纪80年代之前是不存在的。进入21世纪后，随着全球化的影响，一个国家的金融政策不仅会对本国产生影响，还会对国际资本流动产生巨大影响。

因此，从2005年年初开始的日元贬值趋势一直在持续，到了2007年1月，日元对美元的汇率达到1美元兑120日元。

逆时代潮流而回归日本的工厂

出口导向型经济

日本经济从2002年1月开始恢复并逐渐繁荣起来。这是日本在二战后最长的一次经济繁荣，持续了73个月，一直到2008年2月。

此次的经济繁荣与以往的经济繁荣有着不同的特点。

首先，出口的增加拉动了整个经济的增长。

20世纪90年代后半期，日本的出口几乎停滞，直到2001年左右也依然呈减少趋势。但是从2002年开始，日本的出口开始转向增加，到了2007年，日本的出口量达到了2001年的1.71倍（见图4-1）。

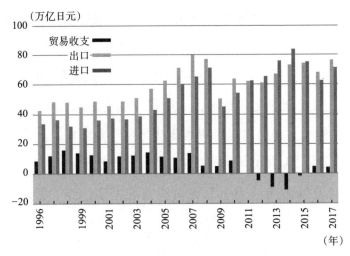

图 4-1　日本的进出口与贸易收支情况

资料来源：财务省，贸易统计。

这一时期，日本的进口也在增长，贸易顺差从 2001 年的 6.5 万亿日元增加到 2007 年的 10.8 万亿日元，增加到了 1.66 倍。

2002 年以后，实际出口额比上年增长率持续保持 7.5% 的高增长，到了 2004 年，更是达到了 13.9% 的高增长率，而实际家庭消费支出的增长率最高时候也只有 1% 多。

在经济高度增长时期的日本，拉动日本经济的主要是设备投资。但是这一时期却明显不同于当时。这一时期的经济繁荣之所以被称为"依靠外需的经济复苏"，正是这个原因。

与此同时，日本企业的销售额也开始恢复。1990 年，日本企业销售额达到了历史最高值，而 2007 年的企业销售额比 1990 年高出了 10.6%。此外，企业的营业利润也增加了。2007 年日本企业的营业利润恢复到与 1990 年相同的水平。同期的日本股价也在上涨，2006 年年末，日经平均股价达到了 17 226 日元。

当时，很多日本人都觉得，从 20 世纪 90 年代末到 21 世纪初期一直笼罩在日本的乌云已经消散。

工厂开始回归国内

其次，在这一时期，日本国内的制造业暂时恢复了盈利能力。就连曾经被认为"在日本国内已经无法生存"的传统重工业，其经营状况也开始好转。此前一直苟延残喘的新日本制铁公司也复活了。之前日本的钢铁产量一直保持在每年 1 亿吨左右，在这一时期也大大增加。日本企业将这一时期的日元贬值称为"舒适的日元贬值"，制造业开始回归国内。电器产业也出现了工厂回归日本国内的现象，电视机生产的大型工厂相继在国内投入生产。

2004 年 1 月，夏普的龟山第一工厂开工，2006 年 8 月，第二工厂开工。

松下电器的各大工厂也相继投入生产。2004 年 4 月，茨木第二工厂开工，2005 年 9 月，尼崎第三工厂开工，2007 年 6 月尼崎第四工厂开工。

在第二章中讲过，当时世界制造业的发展趋势是采用水平分工的生产方式，而日本企业的这种做法无疑是与世界潮流背道而驰。然而，日本企业认为这种方式是防止技术外流、优质高效的生产方式。

同期的苹果公司早已改变了之前在国内生产的垂直一体化的生产方式。从iPod的生产开始，苹果公司将其生产方式转为水平分工的方式，将产品最终的组装交给中国的富士康公司来完成。这就是制造业的新形态"无工厂化"（fabless）。

两种截然不同的选择带来了什么，只要看看之后夏普公司和苹果公司的发展，就很清楚了。夏普之后被富士康的母公司鸿海精密工业吞并，而苹果公司则成长为全球市值第一的企业。

日元贬值是"毒品"

由于日元贬值，日本的出口产业的利润增加，企业的工厂也开始回归国内。当时看到这一现象，我想"这是错误的经营判断啊，与时代的潮流背道而驰"。

在此之前，很多日本企业因日元升值而经营不善，于是将工厂转移到海外，但是，日元贬值时就马上回归国内。

对于日本企业的这种判断和选择，我感到很疑惑："包括企业高层在内的日本企业经营者们，难道没有看到世界经济的大潮流吗？"

对这一现象的相关思考，我在《日本经济真的复活了吗》（钻石社，2006年）和《制造业幻想使日本经济衰弱》（钻石社，2007年）两本书中有详细阐述。

在2005年和2006年日元贬值的时候，日本企业经营者们只有一个愿望，那就是"只要日元贬值，日本就能回到繁荣的过去"。

可以说，日元贬值就像毒品一样。不去追究经济衰退的真正原因，而是一味地追求日元贬值，这种应付一时的想法已经成了普遍现象。这种现象让我感到很强的违和感。

然而，过了很久之后，人们才意识到"日本的企业不适应世界环境的变化"。2008年秋，受雷曼事件的影响，日本出口产业遭到重创，此时日本企业经营者们才感慨"果真如此"。当时，夏普和松下的电视生产部门都出现严重赤字，甚至威胁到了企业的生存。可见，日本电器制造企业在国内增设工厂就是一个失败的决策。关于这一点，我将在第六章进行详细阐述。

日本制造业失去了创造性

众所周知，如果没有农业，我们人类就无法生存；如果制造业消失，我们的文明生活就无法维持。因此，我们需要农业和制造业，这是不言自明的事实。

日本需要做的事是，冷静地判断"在世界分工体系中，日本处于什么样的位置"。英国古典经济学家大卫·李嘉图（1772—1823）提出了一个经济学的重要理论——比较优势理论㊀。该理论认为，每个国家都应分析自身具备的自然条件和生产要素的赋存情况，发展比较有优势的领域。

但是，比较优势是会随着时代的变化而变化的。随着中国工业化的不断发展和信息技术的飞跃进步，在发达国家中，比较优势的条件已经发生了变化。因此，关键问题是要应对这一变化，而不是找理由维持现状。如果一味地找理由且不做出任何改变，那无疑就是执念于过去、抵抗世界的潮流。

在农业领域，日本应该做的是发展符合日本国土条件和需求，且高效率、高收益的农业。然而日本农业的问题是，由于过于依赖政府的保护和补贴，水稻种植业的很多农户都是兼职农户。

制造业也是类似的问题。日本的制造业早已失去了创造

㊀ 比较优势理论，是指大卫·李嘉图在其代表作《政治经济学及赋税原理》中提出的比较成本贸易理论（后人称为"比较优势贸易理论"）。比较优势理论认为，国际贸易的基础是生产技术的相对差别（而非绝对差别），以及由此产生的相对成本的差别。每个国家都应根据"两利相权取其重，两弊相权取其轻"的原则，集中生产并出口其具有"比较优势"的产品，进口其具有"比较劣势"的产品。——译者注

性，只会生产一些"商品"（英文原文为"commodity"。这些商品在哪个国家都能生产，唯一的区别因素就是价格）。

"小泉改革"是什么

2001年4月，小泉纯一郎就任日本首相，至2006年9月卸任。有人说，小泉内阁给日本带来了巨大的变化。然而，真的是这样吗？

小泉内阁提出了"无圣域的结构性改革"，放宽对经济活动的限制并推进邮政等政府公共事业的民营化改革。2005年，由于小泉内阁提出的"邮政民营化相关法案"遭到参议院的否决，小泉内阁随即解散了众议院并举行大选，执政的自民党大获全胜，此次大选还被媒体称为"邮政大选"。想必很多人都还记着这一事件。小泉内阁将反对邮政民营化的人们称为"抵抗势力"等一些投机取巧的做法，也被称为"剧场政治"。

但是，此时小泉内阁所进行的改革是什么呢？

小泉内阁并没有进行真正意义上的经济改革。小泉内阁高举邮政改革的大旗，但是邮政业务早在小泉内阁上台之前，就已经从国营业务转成了公社业务。小泉内阁所做的，只是把公社变成公司形态而已。

此外，还有人说小泉改革推动了财政投资融资制度的改革，但是日本财政投资融资制度早在小泉内阁上台之前的 2001 年就已经进行了改革。

此前，日本邮政储蓄和简易保险的资金都是交给大藏省资金运用部，资金运用部再将其投入政府的"财政投资融资计划"，并利用这些资金为公共企业、地方政府、公共建设项目等提供融资。到了 20 世纪 90 年代，特殊法人的经营不透明问题被频频指出，2001 年，日本通过修订法律，撤销了大藏省的资金运用部，邮政储蓄等相关资金的信托制度也被废止。

从那以后，邮政资金就由邮政公社自己决定使用。也就是说，小泉内阁在财政投资融资改革方面，什么都没做。

小泉内阁实际上进行的改革，只是将在资金运用方面实际上已经民营化的邮政公社，在形式上民营化了而已，当然，这一改革也为之后的日本邮政股份公司奠定了基础，但我认为，从本质上来讲这并不重要。

从政治层面上看，小泉内阁推行的"邮政民营化"确实有很大的影响，特别是由此打破了一直由田中派掌控特定邮局这个巨大票仓的局面。然而这并不是整个日本的改革。

因此，小泉的改革是政治性的，而不是经济性的。在经济方面，如前所述，小泉内阁通过低利率和日元贬值政策保留了日本的旧有产业结构。

在硅谷感受了日本的落后

在斯坦福大学度过的一年时光

在 2004 年 4 月到 2005 年 3 月的这一年时间里,我一直在斯坦福大学担任客座教授。之所以有缘能来斯坦福大学教学,是因为当时斯坦福大学的亚洲太平洋研究中心的丹尼尔·冲本(Daniel I. Okimoto)教授邀请我过去。从 20 世纪 80 年代到 90 年代,我与丹尼尔教授一起做过许多研究课题。

斯坦福大学位于美国加州旧金山湾区南部帕罗奥多市境内,临近高科技园区硅谷。更准确地讲,"由于斯坦福大学的毕业生和相关人士创立了 IT 产业,所以这里成为了硅谷"。

图 4-2 就是站在位于斯坦福大学中心的胡佛塔上拍到的校园中心地区。照片里左边位置还能看到斯坦福纪念教堂。远处就是我曾经住过的橡树溪(Oak Creek)公寓所在的住宅区。

我的研究室在一座名叫 Ensina 的大楼里,以前是学生宿舍。20 多年前,这里曾经是诺贝尔文学奖得主约翰·斯坦贝克(John Steinbeck)学生时代住过的地方。图 4-3 下面的这条路就是我每天的必经之路。

当时正是 IT 革命的鼎盛时期,谷歌也进行了首次公开募股(IPO),整个硅谷一片狂欢。

图 4-2 斯坦福大学

图 4-3 左手边的建筑物就是 Ensina 大楼

苹果公司也转向了水平分工的生产方式。摆在苹果商店里的 iPod 非常受欢迎。

可以说，此时的变化就和 19 世纪加利福尼亚淘金潮是一样的。对于这两者之间的关系我十分感兴趣，于是我将其整理出版成《美国式富豪的故事——淘金热与硅谷》（新潮文库，

2009年）一书。

当时，我从外部观察日本，日本制造业的复活总让我有一种奇怪的违和感。加州街上的车和停车场里的车几乎都变成了丰田车，这让我感到不可思议。

工厂从加利福尼亚州消失了

在加利福尼亚州工作的一年里，我只看见过一次工厂，而且是那种没有人烟的废弃工厂。

在日本，稍微走段距离就能看到工厂的身影。而在加利福尼亚州却是完全不同的景象。

不过，加利福尼亚州并非一直都是这样。曾经的加利福尼亚州是美国制造业的中心之一，尤其在军需产业方面，属于美国第一的地区。

福特汽车的好几个工厂都曾设在这里，不过现在这里已经变成了购物中心。在第二章中讲到了制造业的国际分工，加利福尼亚州变成了如今的景象，正是因为国际分工。然而在日本，如果乘坐新干线从东京到大阪，沿线就会看到一大片的工厂。回到日本看到此情此景，我不禁感慨"真是天壤之别"。

说起国际分工，在硅谷，我还切实感受到了美国与印度的分工协作。在临近帕罗奥多的圣何塞，有一家名叫"思科"

的公司，世界上第一台路由器就是由这家公司生产的，而在这家公司附近活动的几乎都是印度人。

此外，如果给这家企业打电话的话，那么接线员一定是印度人，而且是在印度的印度人，而不是美国人。有趣的是，美国人并没有意识到这一点，所以每天都有很多电话是打往印度的。

面积超过山手线内侧一半的校园

斯坦福大学的整体占地约8800英亩，也就是约35.6平方公里，超过了山手线内侧面积（约67平方公里）的一半。斯坦福大学所在地曾经是由铁路大亨利兰·斯坦福（1824—1893）建造的牧场，后来才变成学校用地。虽说是学校用地，但不能把如此宽敞的土地都建满建筑物，因此，如今斯坦福大学的大部分用地仍是平地和牧场。

从旧金山驱车往南上280号州际公路，大约30分钟就能看到斯坦福大学的校牌。但环顾四周却看不见学校，映入眼帘的只有牛羊在平缓的山坡上吃草的景象。图4-4展示的就是这附近的景色。

因为当时在设立大学的时候，明确规定了"不能买卖学校土地"，所以才会有今天的这番景象。280号州际公路被誉为"世界上最美的高速公路"，也是理所当然的。

在 280 号州际公路与校园之间的山丘，是被称为"Stanford academic reserve"的自然保护区。这里有一个叫作"BIG DISH"的射电望远镜。在图 4-4 中，左边山丘上的抛物面天线，就是这个望远镜。

图 4-4　280 号州际公路附近

这附近还有专门供人们慢跑和散步的路，绕着这条路走完一圈，大概需要一个半小时。

走上平缓的山丘，视野逐渐开阔，斯坦福大学的整个校园和帕罗奥多的市景都能尽收眼底，远处旧金山的摩天大楼也依稀可见，偶尔从树林的缝隙中还能看到几只鹿望向山丘这一边。

每次站在山丘上，感受着微风徐徐，心情也会变得舒畅，能够感受到久违的登山的快乐。只要你愿意，每天都能享受到这里的好风景，真是幸福。

因为斯坦福大学是硅谷的知识中心，所以人们都以为校园里都是高科技的大楼,然而事实上校园里却是大片的草地和牧场(不过,校园里的一部分地方被出租给了惠普等企业,成为了汇集几家高科技企业的斯坦福工业园区。园区土地所有权仍属于斯坦福大学,此外斯坦福购物中心以及我居住公寓的所有权也都归属于学校)。

穿过公寓小区前面的路被称为"沙山路"(Sand Hill Road)。沿着这条路往北走,有一个风险投资公司聚集的园区,这里是红杉资本和KPCB(Kleiner Perkins Caufield & Byers)公司等这些曾在IT革命中发挥过重要作用的风险投资公司的大本营。

当时,谷歌和苹果都在扩张办公空间,但是还没有像今天的谷歌公司总部大楼(Googleplex)和苹果飞船总部大楼那么大。图4-5就是当时谷歌的总部大楼。

图4-5　快速发展的谷歌公司

苹果公司是生产个人电脑起家的,虽然有很多忠实的粉丝支持,但并不是一家大厂商。之后,苹果公司推出了新产品iPod,才迈出了向大众用户靠拢的第一步。

生活在天堂般的感觉

我住的地方叫"Oak Creek Apartments"(见图4-6)。"橡树"和"溪谷"都是美国人很喜欢的词。在这个社区里,确实有很多橡树和小溪。

图4-6 橡树溪公寓

坐在宽敞的小区里,还可以听到小鸟的叫声,空气里弥漫着植物的芳香。这附近有很多大桉树,树干会散发出好闻的香味。

在树荫下偶尔还能看到松鼠的身影。不仅如此,附近山上还住着真正的野生狮子——"山狮"（也叫美洲狮），它们会沿着溪流一路走，无须过马路就能到达公寓边上的溪流。它们的到来有时会引起人们一阵慌乱。

校园里还有几个游泳池，图4-7的右手边就是其中一个。

图4-7　美国独立日时的橡树溪公寓

每逢美国独立日，整个公寓都会进行庆祝活动，图4-7就是在当时的景象。

在校期间，我还回了几次日本。这一年夏天，日本出现了创历史纪录的酷暑。我登上返回美国的飞机，广播里播报着"旧金山的气温是20度"，让人有一种"回到天堂"的感觉。

我特意查了一下这几年这个公寓的租金，大概每月是5500美元（60万日元），比我住的时候贵了很多，现在已经租不出去了。

互联网社会已经到来

从日本抵达帕罗奥多后,在汽车旅馆办理入住的时候,店员递给我一根网线。房间里连接了高速线路,所以一进屋就能上网了。我之前一直担心刚到的几天会不会没法上网,也是多虑了。

帕罗奥多是硅谷的中心,所以从事IT相关行业的差旅人很多,这也是理所当然的。但是并不是只有帕罗奥多是这样,当时整个美国的所有城市都是这种情况。

而彼时的日本,房间里的电话还是老式的内线电话,基本上都连不上网。可以说,美国与日本简直是天壤之别,当时的美国社会已经完全离不开互联网了。

要说我对网络的需求,最大的需求就是邮件往来,但是还不仅仅如此。从日本发来的签证申请以及与大学联系一些事务和相关手续,这些都需要通过网络进行。

此外,我在美国居住的公寓的选址和申请也是我从日本在网上进行的。因为网上能看到很多照片,所以即使身在日本,也能够清楚地了解实际情况。公寓周围的情况如何,通过网络地图上显示的商店分布情况就能看出来(当时,还没有谷歌街景这么方便的软件,只能依靠这种办法)。

到了美国后,生活等各方面完善也是依靠网络。租用的家具是在网上选的，申请加入医疗保险也是在网上操作的，就连买车也是在网上调查完决定买的（不过，汽车经销商是大学的同事介绍的）。

在设置电话的时候，网络也发挥了作用。我是用汽车旅馆的电话申请开通电话的，但是来到自己的公寓后，发现只能打电话，不能接电话。拿起话筒，听到的都是嘈杂的声音。

于是我给电话公司打电话询问，电话那头传来录音，"在您呼叫人工服务前，请先去主页确认检查清单"，因为"假如原因在于电话局则免费，但若原因在于用户，则用户需要支付45美元的费用"。

于是，我点开西南贝尔公司（SBC）的官网，在一条一条确认清单的时候，看到了一条说明："如果有多个插座，请试着更换插口。"于是我自己很快就解决了。假如请师傅上门来看的话，不仅要花45美元，还要和师傅约时间在家等着，会非常麻烦。也就是说，比起电话，我们更需要网络。

此外，驾照考试的前期准备，我也是在网上完成的。

像这些在美国生活所必需的手续，几乎都是在网上完成的。前十几年，这些事必须是自己亲自去现场办或者是电话处理，当时能在网上处理这些事真是太方便了。

此外，在出国前与斯坦福大学联络的时候，大学特意提示："事务手续的相关文件不要通过传真发送，要以PDF格式，以邮件附件形式发送。"现在的日本，依然有人在用传真，而那时候的斯坦福大学已经结束了"传真时代"。

我在出国前的一段时间，也改了习惯，在日本国内也不发传真了，改用 PDF 的方式，所以对于斯坦福大学的要求，我也顺利地完成了。另外，由于我改用 PDF 的方式，之前在日本做的《"超"整理法》校样的校对工作，去了美国后就不需要适应，直接能用 PDF 进行操作。

中国留学生剧增

我在斯坦福大学开设了一门日本经济的课，来上课的学生中有一位来自中国的女学生。她是被称为"80后"的一代人，也就是 20 世纪 80 年代后出生的中国年轻人。他们这代人是中国历史上第一批大范围接受高等教育的一代。这位学生也十分优秀。

我环顾校园，发现学校里的中国留学生非常多，却没有日本学生。而在 20 世纪 80 年代，在美国的学校里，来自日本的留学生是相当大的一个团体。真是恍如隔世。

于是，我去查阅了斯坦福大学留学生提供的统计数据，结果也很令人吃惊。

在 20 世纪 80 年代，在斯坦福大学的外国留学研究生当中，来自日本、中国、韩国的学生都差不多是 100～150 人左右。但是，之后的几年，来自日本的留学生明显减少了，中国的留学生却增加了。到了2003年，来自中国的留学生已经超过了400人。

与此同时，日本的留学生却减少到100人以内。当然，中国人口本来就比较多，所以这也是理所当然的。令我吃惊的是，总人口不到日本四成的韩国，其留学生人数竟然超过了300人。

这之后过了几年，我又查阅了这一组数据。结果是，来自中国和韩国的留学生还在增加，而日本的数据却没有了。原来，日本已经被归到了"其他"一类中，所以无法知道准确的人数。"日本竟然成了'其他'！"这比2003年的数据还让我感到吃惊。

显然，"全世界的大发展已经开始了，而日本却掉队了"。此时与日本经济高速发展时期完全不同，因为在日本国内根本没机会感知到世界的变化。

2005年，我回到日本，在早稻田大学的金融研究科给已经工作的学生们教授金融学相关理论。教室和研究室位于日本桥地区的COREDO日本桥购物中心的五楼。因为是市中心商业区的大楼，所以地方紧缺，研究室十分狭窄，我的研究室甚至都没有窗户。

即便如此，出了地铁站直走就能到研究室，已经相当方便了。

一桥大学所在的国立市也是一个非常美丽的城市，是一个远离市中心的僻静之地。东京大学的先端科学技术研究中心所在的驹场也是远离市中心的地方。相较于这两个地方，日本桥就是市中心。我出生在平民区，能在这种繁华的地方工作，感到很开心，所以我经常在日本桥的街上散步。

| 第五章 |

美国房地产泡沫和雷曼事件

亲眼所见的房地产泡沫

因房价泡沫而狂欢

在第四章中我提到在 2004～2005 年的这段时间里，我一直待在美国加利福尼亚州的帕罗奥多。正是这个时候，美国出现了房地产泡沫，所以我亲眼看见了当时的情况。

位于帕罗奥多的硅谷，既是 IT 革命的中心，也是美国房地产泡沫的中心之一。

报纸上每天都能看见大量的房产广告（见图 5-1），而且都是彩色版的大照片。周日版的报纸，光是房产的广告就能让报纸变厚好多。研究室每天都有大量的广告宣传页和报纸一起送来。广告宣传页上基本都是豪宅的广告，上面印着房子的照片、价格以及联系人的名字。

从图 5-1 可以看出，这是建在空旷地带、像城堡一样的豪华住宅。虽说是"豪宅"，但美国的豪宅与日本的完全不同。它们让人们看到了在美国，真正的富裕是什么样的。

图 5-1　房地产泡沫时期的房产广告宣传页

附近到处都是新盖的房子，之前完全没有人住的地方也建起了崭新的住宅。

席卷整个美国的房地产泡沫

当时，旧金山湾区都市圈的房价相当高，超过了全美平均水平的 3.5 倍，2004 年的房价上涨率也比上一年高出 15.5 个百分点。

帕罗奥多的平均房价更是达到了 138 万美元，是旧金山湾区都市圈的两倍，与全美平均水平相比，高出约 7.5 倍。

再看美国其他地区情况，位于洛杉矶东南方的奥兰治县（Orange County），其房价在2004年比上一年增加了38.7%，达到65.5万美元。从房价的上升率来看，全美第一的是拉斯维加斯，其房价上升率同比增长52.4%。

这种情况不仅出现在加利福尼亚州，从波士顿到华盛顿的东海岸以及佛罗里达州也出现了类似的现象。

以上提到的数据都是所有住宅的平均房价，此外还有"豪华别墅"（luxury home）的分类统计。所谓豪华别墅，是指面积3000平方英尺（约279平方米）以上，拥有3个以上卧室和3个以上卫生间的住宅。在旧金山湾区都市圈，这类住宅的平均价格约为254万美元。

此外更有价格超过1000万美元的住宅，这种住宅被称为"WOW property"（价格高到让人惊呼"哇"的房产）。

是不是"泡沫"，众说纷纭

对于房价的暴涨，人们自然会议论纷纷。

硅谷是房价上涨最为明显的地区，因此当地的报纸上频繁出现一些讨论是否存在房地产泡沫的报道。

很多经济学家认为这就是"泡沫"。其论据是，房价的上涨率远远高于租金的上涨率，部分地区的租金在下跌，但房价却在上涨。

然而，房地产商却认为这不是"泡沫"。因为"房源供应有限，所以今后房子价格依然会上涨"（当然，也可能是因为自身从事房地产行业才这么说）。

当时美国房价的上涨，从其迅猛的上涨速度和异常高的价格来看，很明显就是由房地产泡沫造成的。

但是，硅谷的IT产业发展得非常迅速，甚至让人感觉不到"泡沫"的存在，这也是事实。

只有指望房子升值，房价才能显得不那么离谱

当时报纸上刊登过这样一则报道。有一个人在8年前花80万美元买的房子，以236万美元卖出去了，然后想换一套500万美元左右的房子，但是这个价格是买不到满足自己要求的房子的。所以，"我觉得1000万美元的房子很划算"。这是一对有三个学龄期孩子，从事普通职业的夫妇说的话。如果他们贷款了774万美元，那么光是每年的利息就要超过41万美元。

"趁着房贷利率低，要赶紧买"，这种抢购需求确实会有，这是不争的事实。但其背后肯定还有人们对于自己的房产升值的期待。

虽然房价高，但是只要房价持续上涨，把手里的房子卖出去就能赚取差价。所以很多人的想法是"反正总会升值，买

得多贵也没关系"。

人们买房很大一部分原因是认为"房子在将来一定能升值"。与收入相比,房子的价格已经离谱,很多购房者就只能期待将来房子能升值。然而一旦房价下跌,这些购房者将面临很严重的问题。这一点当时就可以预料到。

"转卖产生巨额利益"是泡沫经济的显著特征。资产之所以有价值,是因为其本来有使用收益,但是当资产与其使用收益相差甚远时,那么增长的就只有资产价格,而非资产价值。

这种现象在美国的一些地区确实存在。正如上文中提到的拉斯维加斯,其房价的上涨率异常高,就是投机造成的。与20世纪80年代泡沫经济时期的日本不同,美国国民投机的对象不是空地,而是住宅。据说很多人都没有去实际看过房子就买下了。可见,这些购房者并不打算住在拉斯维加斯,而只是为了转卖房子才购买的(当然也可以考虑出租,但是房价已经高到租金离谱的地步了)。佛罗里达州也出现了类似的现象。

次级抵押贷款及其证券化

次级抵押贷款是为那些与传统住房贷款的借款人相比,收入较低、信用评级较差的人所提供的贷款。这种贷款之前就有,但是在2004年开始急速增多。

次级抵押贷款的利率在最初设置得比较低,在某个时期之后就会大幅上调。很多人在贷款期限到来之前就卖掉了房子,还完了贷款,接着又申请新的贷款,买新的房子。所以只要房价一直在上涨,即使借款人的还款能力较低,明显出现逾期或破产的危险就很低。

对于这种贷款,当时美国的金融机构对其采用了"证券化"的操作,也就是"次级抵押贷款证券化"。这是美国从 20 世纪 70 年代开始针对住房贷款开展的一种金融行为,在这一过程中,大量的住房贷款被集中起来,发行并销售以其为担保的证券。

这样一来,提供住房贷款的金融机构就可以筹措资金,不需要承担资金和风险,还可以发放新的贷款。一直以来,美国的住房贷款都是由美国储蓄贷款协会(Savings and Loan Associations,S&L)等这些中小金融机构提供的,但是随着证券化的不断发展,只靠着"次级抵押贷款证券化"来筹措资金、发放住房贷款的"抵押银行"也出现了。

抵押证券和住房抵押贷款证券

证券化的金融商品被称为抵押证券或住房抵押贷款证券(mortgage-backed security,MBS)。从投资者的立场来看,证券化可以将单独的住房抵押贷款汇聚重组,这样风险就降低了，也就是说，投资者能够对住房抵押贷款进行分散投资。因此，对于那些年金基金等机构投资者，MBS成了重要的投资对象。

最初的住房抵押贷款证券化是政府国民抵押贷款协会（Government National Mortgage Association，GNMA）于20世纪70年代进行的。之后联邦国民按揭贷款协会（FNMA，房利美）和联邦住房抵押贷款公司（FHLMC，房地美）也参与进来，到了80年代和90年代，住房抵押贷款证券化的市场急速扩大。一半以上的抵押贷款都被证券化了，余额达到约3万亿美元，在美国债券市场中约占据了1/4的巨大市场，仅次于美国国债。大量的住房抵押贷款证券汇聚后，再次证券化为"担保债务凭证"（collateralized debt obligation，CDO）。

"担保债务凭证"的价值由评级机构进行评定，不仅有机构投资者和普通投资者购买"担保债务凭证"，也有投资基金买入"担保债务凭证"后将其并入自己的基金。

美国房价暴涨，丰田车大卖

加利福尼亚州的路上满是丰田车

当时在美国卖得最好的车就是丰田汽车，加州的路上到处都是丰田车，我自己也买了。在转手的时候，丰田车的价格会很高。

通过"套现再融资"（下文中将详细阐述），美国的房价上涨，于是丰田汽车就会畅销。从这个意义上讲，日本的贸易顺差和美国的房地产泡沫是相关的。

不仅如此，当日本出现经常项目㊀顺差时，这些钱就会以资本输出的形式回流到美国。虽然无法追踪回流的资金用在了什么地方，但可以想到其中相当一部分是用在了买房上。就这样，从海外回流的资金弥补了美国经常项目逆差，这是毫无疑问的。

这样一来，资金就会在整个世界流动一圈。不仅是日本，像中国和中东产油国等这些经常项目顺差的国家，其资本也会流入美国，填补美国的经常项目逆差。

全世界的资金都在流入美国。所以说，美国的房地产泡沫并不是美国一国发生的现象，其背后是全球性的资金循环机制。

还有一点需要注意的是，当时美国的街上到处都是丰田汽车，但美日之间并没有发生贸易摩擦。这一点与《广场协议》

㊀ 经常项目，是指在国际收支中经常发生的交易项目，主要包括贸易收支、劳务收支和单方面转移等。经常项目差额是国际收支中贸易收支、劳务收支（也有将劳务收支分为收入收支和服务收支）和转移收支三个收支的总计差额。如果收入大于支出，就是经常项目顺差；如果支出大于收入，就是经常项目逆差。经常项目差额常常被视为衡量一国国际收支长期状况的重要指标。——译者注

签订的时候有很大的不同。

1985年的《广场协议》，很大一部分原因就是日本汽车大量涌入美国，由此美日之间产生了贸易摩擦，之后美国、日本、西德、法国以及英国五个国家开始联合干预外汇市场。但是到了20年后的2004年和2005年，丰田汽车大量出现在美国已经完全不被美国看作是威胁了。

这是因为美国的产业结构已经完全不同于20年前了。

当然，美国依然还有汽车产业。但是，与过去不同的是，它已经不再是美国经济的象征。

如今，像苹果公司这样采用水平分工生产方式的制造业、谷歌这类IT相关的新服务行业，或者金融等领域的企业，已经成为美国产业的中心。因此，汽车产业的衰退已经不是多么重大的问题了，不会撼动美国的政治。

套现再融资⊖的"魔法"

第六章中会讲到雷曼事件给日本的出口产业带来的毁灭性打击。至于为什么会造成如此大的影响，下文将对此进行分

⊖ 套现再融资，也叫现金再融资（cash out refinance），是以原贷款房子的净值作为抵押，通过申请更高数额贷款的方式拿出现金。再融资是指用新的抵押贷款代替现有的抵押贷款的过程，而新的抵押贷款通常会向借款人提供更优惠的条件，比如减少每月的抵押贷款付款额、协商较低的利率、重新协商贷款的年数（或期限）等。——译者注

析阐述。

在第四章中已经提到,从 2005 年左右开始,日元套利交易显著增多。

在流入美国的资金中,有相当一部分被用于住房贷款。然后人们又用通过"借新贷还旧贷"的方式赚来的现金去买车。为了更容易理解这一机制,我们举一个例子来说明。

假设你现在全额贷款买了一套价值 10 万美元的房子,如果这套房子的价格涨了一倍,同时利息下降了一半,此时你以新的价格抵押房子,获取最高限额的现金贷款,然后用这笔现金还完房贷的话,那么你手上就还会剩下 10 万美元的现金,而且要支付的利息还和以前一样。

也就是说,只要房价持续上涨,货币政策持续宽松,那么"不需要任何成本,手头就能有一笔现金",仿佛魔法一般。虽然现实中并不像上文中的例子那么简单,但现实中就是有很多同类的情况。

这就是所谓的"套现再融资"。美国人通过这种方式拿出的现金,大部分都用于购买新车了。所以说,房价的上涨也间接增加了汽车的购买量。

在汽车需求整体增长的情况下,丰田汽车特别受欢迎。

丰田汽车卖得好,是因为车子本身的故障少,而且其经销商的服务也完善。但是也不仅仅是车的原因,日元贬值让日本车的价格更实惠，所以日本车的销量好。这一点也不容忽视。

此外，如果美国没有发生房地产泡沫，丰田汽车也不可能有如此大的市场。除去美国房地产泡沫的因素，很难想象丰田能实现如此惊人的利润增长。

就这样，在这一时期，以汽车为中心的出口显著增加，日本以外需主导型的经济模式快速发展。

所以说，日本依靠外需主导型经济模式实现的经济复苏，是由日元套利交易支撑的，其背后是美国的房地产泡沫。因此，日本的经济复苏是得益于美国的房地产泡沫。

而美国的房地产泡沫也不仅仅是由美国的自身情况引起的，而背后还有外国资金的流入。在这些外国流入的资金中，来自日本的资金占了大部分。也就是说，美国的房地产泡沫和日本依靠外需主导型模式实现的经济复苏，这两者是在相互促进中发展的。

雷曼事件

雷曼事件爆发

2008年9月，雷曼事件爆发。

在雷曼事件发生10年后的2018年秋天，日本的报纸和杂志等都制作了相关特辑。

但是，关于雷曼事件为什么会发生，又给之后的经济带来了怎样的影响，这些媒体分析的都是一些表面上的原因，不够深入。

日本大部分的媒体都只是说，雷曼事件是美国金融业失控造成的，美国经济因此遭受重创。

美国的金融行业失控，这是不争的事实。但是，美国的金融业也迅速地从这场灾难中恢复过来。在这一过程中，长期遭受重创的反而是日本的制造业。

美国金融危机的开端

让我们来回顾一下美国的金融危机是如何爆发的，以及具体发生了什么。如果按照下文所述的时期来进行划分的话，就会发现事态是在逐渐变化的，是分阶段发生的。

2007年夏天，美国的金融危机开始显现。第一个阶段就是从2007年夏天到2008年3月，这一时期是危机开始显现并逐渐扩大的时期。

问题首先在欧洲显现出来。

因为投资了美国次贷债券而蒙受巨大损失，2007年8月9日，法国第一大银行巴黎银行宣布冻结旗下三只基金。

我想当时除了金融界人士以外，很少有人会把这个消息当作重大事件来关注。但是，就是从这个时间点开始，一直在地下发酵的问题以谁都能看到的形式出现在公众视野里。

而经济指标在稍早之前就出现了较大的变化。不仅美国的股价下跌，2007年7月底，随着日元急速升值，股价也开始暴跌。

此外，金融专家们也越来越担心证券化商品的价格会下跌。2007年3月左右，利率开始上升，导致基于浮动利率的抵押贷款的违约率上升，因此MBS的价格也急速下跌。一些从事次级抵押贷款的非银行金融机构，因利率和抵押贷款违约率的上升而陷入困境。

美国第五大投行贝尔斯登旗下的对冲基金也受到了巨大打击。据说在5月左右，贝尔斯登总部买进了该基金所持的次级MBS，以避免损失。

此后，事态急转直下。股价和美元价值持续走低，投机转移到了大宗商品市场。黄金价格上涨至每盎司⊖1000美元上方，原油价格也在2008年初突破每桶100美元水平。就这样，世界经济就像从坡道上滚落一般快速衰退。

拯救贝尔斯登

混乱一直持续到2008年3月。

首先，贝尔斯登公司的经营陷入了困境。该公司是见证并

⊖ 1盎司=28.3495克。

参与了华尔街的历史、创造了无数传说的老牌证券公司,在MBS业务中拥有全美第二的业绩,在CDO业务上也是名列前茅的企业。

面对资金链断裂的贝尔斯登,纽约联邦银行制定紧急融资框架对其救助。2008年3月16日美国摩根大通公布以2.36亿美元收购贝尔斯登(同年5月30日正式收购)。但是,此时人们对金融危机的认识还只停留在次级贷款问题上。

其实,美国已经出现了经济萧条的迹象,2008年1~3月的实际GDP增长率(按年增长率换算)同比增长0.6%,这是美国经济自1991年以来首次出现连续两个季度的低于1%的低增长。美国企业的业绩也在持续恶化,主要的500家企业1~3月纯利润同比下降15%,企业雇佣量也连续四个月呈减少态势。

对于美国的这种状态,此时日本的大部分人都是"隔岸观火"的心态。很多人认为"日本正在脱钩(即不受美国经济衰退的影响)。2008年的日本经济虽然增长缓慢,但仍会持续增长"。

股价暂时回升

美国金融危机的第二阶段是从2008年3~8月左右,这一时期也可以称为"中间期"。

2008年3月，美国股价再创新低，美国联邦储备系统（以下简称美联储，Federal Reserve System，FRB）下调了利率。之后，日美两国的股价都有所回升。日元对美元的汇率也在3月创下了日元升值的峰值，不过之后日元又贬值了。

另外，能源价格暴涨。原油价格在7月份达到了历史最高值，黄金价格也在7、8月份达到峰值。

进入9月，房利美和房地美也开始出现经营危机。当得知这两家公司所持有或担保的住房抵押贷款债券总额高达5万亿美元后，很多人开始意识到，问题并不仅存在于部分金融机构。

这两家持有或担保的住房抵押贷款债券总额占全美国所有住房抵押贷款债券（12万亿美元）的近一半。美国政府担心其损失继续增加威胁到公司生存，于是在9月7日，宣布将房利美和房地美纳入政府管理。

雷曼兄弟破产，AIG 获救

美国金融危机的第三阶段是从2008年9月开始的。9月15日，拥有158年历史的美国第四大投资银行雷曼兄弟公司正式申请依美国《破产法》第11章所规定之程序破产，即所谓破产保护。

同一天，美国银行宣布将以500亿美元收购美国第三大投资银行美林证券。

此外,美国最大的保险业巨头美国国际集团(AIG)濒于破产的说法也开始逐渐增多。随着这一说法的不断扩散,AIG股价暴跌60%以上,甚至在9月16日,一度跌至1.25美元。

如果AIG破产,那么其所持有的大量信用违约掉期(credit default swap,CDS)将有近4000亿美元的亏损,这极有可能对全球金融市场的稳定造成严重影响。

于是,9月16日,美联储决定为AIG提供850亿美元贷款支持,作为交换,美国政府获得该集团79.9%的股权,将AIG改为由政府管理并进行经营重组。

投资银行模式的终结

此外,高盛和摩根士丹利这两家美国主要投资银行也改制为银行控股公司。由此,美国的主要投资银行全部消失。

一直以来美国的商业银行业务和证券业务是分离的,如今投资银行也可以依赖储蓄进行资金融通,这两大投行的转型标志着美国金融、证券制度发生了历史性的变革。

美国的金融机构在短短几天内发生了巨大的变化。这也标志着投资银行模式的终结。

这是一种备受批判的商业模式,其以少量的自有资本进行巨额借贷,再将巨额贷款投资于高风险的次贷相关的证券化商品。这也被称为"高杠杆比率商业模式",这种投资运作模式本身就伴随着巨大的风险。

不过,这种商业模式并非投资银行与生俱来的资本运作方式。传统的投资银行业务是承销和并购等中介业务。在泡沫经济中,这些主营业务被收益率更高的高杠杆交易吞没了。

《紧急经济稳定法》的出台

为了应对金融危机,美国政府和国会从2008年的9月下旬开始一直在进行金融稳定对策的讨论。9月28日,政府和国会终于就总额7000亿美元的金融救援计划达成一致。国会众议院于29日就此方案进行投票表决,但由于近7成的共和党和近4成的民主党持反对意见,该救助计划最终被否决。

包括全球投资者在内,很多人都没有想到是这个结果。9月29日,纽约证券交易所截至收盘时,道琼斯工业指数下跌777.68点。9月15日,因雷曼兄弟申请破产,当天道琼斯工业指数狂泻504.48点。由此可见,这次救助计划被否决的事件对股价的影响,远比雷曼兄弟的破产还要大。

由于众议院的反对,美国政府和参议院修改了救助法案,提出了《紧急经济稳定法》,参议院和众议院也通过了该法案。10月3日美国总统乔治·沃克·布什签署了该法案。

这是一项总额达7000亿美元的金融救援计划,根据这一计划，政府将购买金融机构的不良资产，帮助它们摆脱困境。

在几周的时间里，美国的金融行业发生了巨大变化。在此期间发生的事情，极大地改变了人们的认知，而之后美国政府采取的量化宽松政策，也给世界经济带来了巨大影响。

美国金融业迅速复苏

但是，美国的经济并没有因此受到致命的打击。特别是作为风暴中心的金融业迅速恢复。这一点从美国金融机构的收益就能看出来。

从美国各产业的国民收入数据来看，金融业的国民收入在2007年第一季度是2.1万亿美元，到2008年第四季度下降到1.8万亿美元。但是之后又开始恢复，到了2009年第二季度就达到2.1万亿美元，恢复到了金融危机前的水平。

摩根大通2009年7～9月期结算的净利润比上一季度增加了近6倍，高盛2009年的利润较2007年增长了15%。

包括AIG在内，美国政府给这些金融机构前后共投入7650亿美元的救助资金。2009年12月，花旗集团和富国银行偿还了这笔救助资金，至此，美国六大银行几乎都脱离了政府的监管。

美国在极短的时间内成功应对并处理了严重的金融危机。因此，雷曼事件对美国国内的影响，在5年后的2013年年末基本上都已消除。

日本的经验毫无参考价值

有人说，美国的金融危机与日本20世纪90年代经历的金融危机相似。确实，两者有很多共同点，因为都是盲目放贷引起的。

因此，当时的日本经常能够听到一些言论，认为"日本应该将自己20世纪90年代处理金融危机的经验传授给美国"。

当时的日本首相麻生太郎在其施政演说中说了这样一句话："要密切关注美国经济和国际金融市场的走向。"可见，日本人认为美国的金融危机是美国的事，不涉及自己，有一种"隔岸观火"的心态。麻生太郎甚至还在联合国大会上表示："关于公共资金的注入，我们会提供一些日本的应对经验。"

在日本一些报纸的社论上，以及一些有识之士的发言中，也经常能看到或是听到这样的言论。

但是，正如第三章所述，日本的经验并没有什么值得借鉴的。首先，日本的反应太慢了。在日本股价泡沫破裂后的第八年，日本政府才第一次对金融机构进行资金注入。但是，美国在雷曼兄弟破产后的一个月左右就开始投入资金进行救助。

"轮到日本出场了"这类的言论，真是让人莫名其妙。即使日本说出"处理金融危机必须要快速"这样的建议,也没有任何参考价值,只会让人觉得可笑。

其次,对于不良债权的处理,日本政府是以极其不透明的方式来进行的。如第三章所述,就连投入了多少公共资金,以及这些损失又是怎样被分担的都不说清楚,而且,也没有意识到这一问题的严重性。

雷曼事件后,日本流行起"美国经济已经崩溃"的说法。"资本主义已经发展不下去了"之类的言论也得到了很多支持。

但事实并非如此。美国的金融危机以惊人的速度结束,美国经济迅速恢复。这是因为美国经济早已不依赖于旧式的制造业。

受到严重冲击的只有残留着旧式产业结构的日本。如前文所述,日本经济在2003年有所恢复,只不过是借助了美国的房地产泡沫。所以,"父亲"的泡沫破裂,"儿子"的泡沫也会跟着破裂,这是理所当然的。可以说2003年的日本经济复苏是"虚假的复苏"。

但是,日本人并没有意识到这一点,所以迟迟没有进行改革。关于这一点,我将在第六章详细阐述。

美国四大科技巨头(GAFA)稳步发展

此外,正如第四章所述,美国的产业界还有其他新的动向。这一点我们也不能忽视。

在这一时期，全球范围内出现了一些引领新时代的企业，例如美国的 GAFA，即谷歌（Google）、亚马逊（Amazon）、Facebook 和苹果（Apple），以及中国的 BAT，即百度（Baidu）、阿里巴巴（Alibaba）、腾讯（Tencent）等企业群就是新兴企业的代表。可以说，此时的美国正在脱离工业化社会。

遗憾的是，日本并没有出现这样的新动向，没能诞生一些新兴企业。

2004 年，谷歌推出了一个名为 Gmail 的电子邮件服务。Gmail 在最初推出时，新用户需要现有用户的电子邮件邀请。从 2006 年 8 月 23 日开始，日本版的谷歌用户无须邀请，可以直接申请 Gmail 账户。

虽然这是在雷曼事件之前发生的事情，但我总有一种幻觉认为这是在雷曼事件之后发生的事。不仅如此，2004 年我在硅谷的所见所闻，也让我感觉是在雷曼事件之后的事情。

为什么我会有这种记忆逆转的感觉呢？

或许是因为，在如今的世界范围内，根本看不到雷曼事件发生过的痕迹，所以总觉得那是很久之前发生的事情。又或许是因为 IT 革命或者 Gmail 这些变革，如今依然在我们的生活中发挥着重要作用，所以总觉得是近些年发生的事情。

| 第六章 |

日本的"出口立国"
模式彻底崩塌

"出口立国"模式的终结

美国房地产泡沫破裂,日本出口锐减

正如第四章所述,雷曼事件爆发的前几年,日本企业的收益稳步恢复。

对于日本企业业绩的回升,很多人认为"是因为日本企业进行了大刀阔斧的改革和结构调整,所以生产效率提高了"。2005年左右,人们越发觉得"日本经济已经走出了长期低迷的状态,开始增长了"。

这种想法也影响到了股价。2005年,日经平均股价开始显著上涨。于是,日本社会开始出现一些类似于"现在是日本的时代"之类的议论。在2008年3月的结算期,在东证一部上市的所有企业都实现了连续6年增收增益。

但是，这种发展模式并不是可持续的。"出口依赖型增长"并没有真正解决日本经济的问题。可以说，日本的经济复苏"镀了一层金"。

当美国的房价开始下跌时，正如第五章所述，套现再融资的"魔法"就失效了，所以美国的汽车销售额才会骤减。

于是，通过日元套利交易流向美国的资金又开始回流日本，接着日元开始升值。这种现象被称为"日元套利交易回调"。

从日元对美元汇率变化来看，2007年6月，日元对美元汇率是1美元兑123.1日元，到了2008年3月，日元升值到1美元兑99.9日元，2009年9月又升值到1美元兑89.8日元。

也就是说，随着人们对汽车需求的整体下降，加上日元升值，日本汽车的优势也就没有了。就这样，在双重打击下，日本的汽车产业受到了冲击。美国房地产泡沫破裂，给日本的制造业带来了毁灭性的影响。

库存激增的日本汽车企业，紧急停掉生产活动。日本经济面临着急速下滑的窘境，只能等着经济"自由落体"。

此前，日经平均股价一直在18 000日元左右波动，从2009年7月下旬下跌到17 000日元左右，到了8月下旬更是急速跌至15 000日元左右，之后的几个月虽然有所回升，但从11月开始又转为下跌。

有人说"雷曼事件就是美国投资银行模式的终结"。的确，"以少量的自有资本进行巨额借贷，再将巨额贷款投资于高风险的金融产品"的"投资银行模式"已经终结。同时，日本的"依靠外需的增长模式"也随之终结。

美国的金融危机和日本"出口立国"模式的崩溃，就相当于一枚硬币的两面。

日本经济的本质还是老样子

如果日本企业真的变强了，并通过与其他公司产品的差异化，提高了产品的附加价值，拥有了"非价格竞争力"，那么企业收益就不会因为汇率的变动而大幅下降，而且日本的股价也不会因为美国的金融危机而同步下跌。

因此，"是企业内部的改革让日本经济得以复苏"这一说法不过是一种自我欺骗，日本经济的本质还是老样子。日本的出口增长并不是因为出口产业的实力增强，拥有真正的竞争力，而是因为出口增多和日元贬值，使得日本出口产业的价格竞争力远超出产业自身实力，所以才能实现增长。

实际上，日元汇率在2007年夏天达到了历史最低值，从实际有效汇率来看的话，日元贬值已经达到了1985年《广场协议》即将签订时的水平。

正是因为日元贬值，日本出口产业的收益才得以增加。也就是说，日本出口相关企业的收益增加，只不过是因为日元的反常贬值。所谓的经济复苏现象，其实是建立在非常脆弱的基础之上的。

日本人的危机意识很弱

此时的日本，尽管出口急剧下降，但乐观论仍占主导地位。

2008年12月，我在日本钻石出版社出版了《日本的反省：依赖美国的罪与罚》一书。我在书中写道："日本经济从2008年的下半年开始急速衰退，很有可能出现负增长。""迄今为止，日本所经历的实际经济增长率下降的最坏程度是1998年的－2.1%。我认为，2008年的经济下降程度可能会超过1998年。"

但是，在当时的社会氛围中，这种观点属于异端。人们都认为"日本经济不可能陷入负增长"。在2008年11月的时候，没有人认为日本经济会出现负增长。日本央行在2018年发表的《经济·物价形势展望》（2008年11月4日）报告中，预测2009年日本实际GDP增长率是0.3%～0.7%。

实际上，根据2009年1月日本内阁府发表的速报数据，2008年10～12月，日本的实际GDP按年率计算下降了两位数。

世界经济从20世纪80年代以后,先后经历了"黑色星期一"(1987年10月19日,华尔街在内的世界各地的股票市场崩盘,在很短的时间内损失了巨大的价值。)、亚洲金融危机(发生于1997年的一次世界性金融风波,造成亚洲各国的货币大幅贬值)以及互联网泡沫破裂(从1995年开始,美国的一些科技及新兴互联网相关企业股价急速上升,到了2000年年初转为暴跌)等一些事件。这些事件对于直接相关人士来说是十分严重的问题,但从世界范围来看,只不过是小区域事件。20世纪90年代日本的泡沫经济崩溃是日本在二战后经历的最严重的经济问题,但其并没有对世界经济产生多大影响。

与此相反,雷曼事件的影响则要严重得多,波及范围也要大得多。美联储前主席艾伦·格林斯潘说雷曼事件是"百年一遇的危机",这绝不是夸张。特别是站在日本的立场上来说,更是如此。

中国经济的快速发展促进了日本制造业的复苏

中国的4万亿元经济刺激计划

雷曼事件后,日本制造业陷入了前所未有的危机中,但是之后又恢复过来了。这主要是因为以下两个原因。

第一个原因就是中国实施了经济刺激计划。

中国的经济增长率在2008年上半年是两位数，但是雷曼事件发生后，经济受到严重影响，形势十分严峻。对此，中国政府在2008年11月推出了规模空前的紧急经济计划，该计划的投入总规模到2010年年末约4万亿元人民币（约57万亿日元）。此外，央行也连续五次下调利率。

4万亿元，约占中国GDP总量的16%，可以说是一笔巨额的经济计划。但这笔投资不仅来自中央和地方政府，还包括一些独立核算的政府机关和企业，因此，贷款占了资金来源的大部分。这笔投资重点投资在内陆等地的基础设施和国有企业的大规模设备上。

于是，中国的公共设施建设、住宅建设、城市开发事业等都出现了爆发性的增长。

对华出口显著增长

由于中国的投资剧增，日本对华出口也显著增加。

从日本对华出口额的数据来看，2008年10月日本对华出口额为11 595亿日元，到了2009年1月下降到5109亿日元，下降了一半以上。不过，之后又迅速恢复，到了2009年12月，日本对华出口额达到10 702亿日元，2010年10月又增加到11 671亿日元，超过了雷曼事件爆发前的水平。其中，机床和建设用机械的出口增长尤为显著。

从日本对美出口额的数据来看，2008年10月日本对美出口额为12 064亿日元，到了2009年1月降至5718亿日元，在2009年12月虽然恢复到8328亿日元，但还是比雷曼事件爆发前要低很多。之后一直到2012年左右，一直没有超过1万亿日元。

因此，可以说，日本制造业得以喘息，就是因为对华出口的增多。

影子银行

在房地产开发项目中，除了正规银行贷款以外，还有其他金融机构的贷款也大量流入其中，而提供这类贷款的就是"影子银行"。

银行和非银行金融机构等以10%的收益率向个人投资者出售高收益率分人金融产品。这些金融产品被称为"理财产品"。由于某些国家或地区的银行存款利率是低于通货膨胀率的，所以为了提高自己资产的收益率，有钱人就会选择投资这类"理财产品"。

另外，从借款人的角度来看，正规银行贷款的审核标准很严格，而且地方政府原则上禁止发行地方债券。在这样的背景下，影子银行就把投资者和借款者联系在了一起。

逐渐依赖政府的日本制造业

雇佣调整补助金和环保车减税

日本制造业能够从雷曼事件后的低迷中恢复过来的第二个原因是日本政府对制造业的支持。

当雷曼事件的影响逐渐波及制造业时，日本制造业企业向政府提出了明确的补助请求。

日本政府通过提高雇佣调整补助金的支付额，鼓励企业继续雇用过剩的人员。另外，对于日本航空等发展低迷的企业，日本政府也通过"企业再生支援机构"（2009年10月成立）进行了直接的补助。

此外，日本政府还出台了对于购买汽车和家电产品的支援政策。在汽车方面，从2009年4月起，日本开始实施"环保车减税"和"环保车补贴"的政策。在家电方面，日本计划在2011年7月内，用地面数字电视广播完全取代模拟电视广播。这样一来电视接收器的更换需求就增加了，这也间接支援了生产电视接收器的制造业企业。

得益于政府出台的汽车购买优惠政策，2009年之后，日本的汽车产业得以喘息。2008年9月，日本普通汽车的产量约为52万辆，之后因受到雷曼事件的影响而急剧减少，到了2009年3月减少到约18万辆，仅为2008年的1/3，但是

2009 年 9 月又恢复到了 39 万辆。

另外，与普通车相比，补贴程度较低的轻型汽车的产量在此期间没有太大变动，基本保持在 10 万～12 万辆的水平。由此可以推测出，普通车的产量能在 2009 年 3 月开始增加，基本上都是得益于政府出台的补贴政策。

2008 年 2 月，日本的矿工业生产指数达到峰值，为 110.1，到了 2009 年 2 月，下跌至 69.5，下跌了 36.9%，2009 年 9 月又回升至 85.7，相当于 2008 年 2 月的 77.8%。

另外，汽车生产指数从 2008 年 1 月的峰值 129.0 下跌至 2009 年 2 月的 48.3，下跌 62.4% 后，于 2009 年 9 月回升至 94.5，相当于 2008 年 2 月的 73.3%。

可见，在全球金融危机期间汽车生产指数比整个矿工业生产指数下降的幅度更大，之后又显著回升。

民间企业开始依赖政府支援

在经济高速增长时期，政府对农业部门进行了直接的补助，而在这个时期，制造业和服务业也在寻求与此基本相同的补贴。而且，这样的措施完全没有受到批评。人们普遍认为"政府对陷入困境的产业给予补助是理所当然的"。

这种对政府的依赖，在经济高速增长期是不存在的。例如，1963～1964 年，通产省先后三次向国会提交《特定产业振兴临时措施法》,但三次均未通过审议,最终成为废案。该法案之所以没有被通过,就是因为没有得到经济界的赞同。

当时,日本经团联会长的石坂泰三对日本政府的介入表示强烈反对,认为这是"变相的官僚统治"。在日本经济高速增长时期,政府确实发挥了很大的作用,但也只是通过金融手段进行的间接控制,政府并没有直接支援制造业。

但是雷曼事件之后,日本政府开始出台一系列支援政策,来帮助传统企业维持生存。但是,这些政策并没有从根本上改变日本的经济结构,反而阻碍了新的产业和企业的诞生。

渐渐地,经济界开始接受政府的干预,而且这种情况至今依然存在。当初,日本政府实施的"环保车减税"政策本来打算只实施3年,却一直保留到现在。

日本经济结构已无法改变

无法"脱工业化"

20世纪90年代,世界经济的一大变化就是工业产品的价格下降。这是因为中国等新兴国家和地区加快推进工业化,大量廉价劳动力开始从事工业生产。

这一变化让美国获得了巨大的利益。此外,爱尔兰、英国、北欧各国等也都受益于此。

不过，在20世纪90年代世界经济结构的变化浪潮中，日本的产业结构也并非完全没有变化。

实际上，20世纪80年代以后日本经济发生的最显著的结构变化是进口结构的变化。过去，日本经济的基本模式是从国外进口原材料，然后进行加工，制成高品质的工业产品，再销往世界各地。截止到20世纪80年代初期，日本的粮食和原材料进口占总进口的3/4，产品进口占1/4。

到了20世纪90年代，粮食、原材料和产品的进口比重相当，之后，产品进口的比重逐渐增加。具体来看，机械类零部件等资本品和消费品的进口增长显著。1995年，机械类零部件等的进口额超过了原油的进口额。

但是，日本并没有充分享受到世界经济大变化带来的利益，反而因为与新兴工业国家和地区的竞争，导致国内产业凋敝。究其原因，就是因为日本的产业一直局限在旧式的产业结构中。

然而，为了让这些旧式产业生存下去，日本政府采取了宽松货币政策和日元贬值政策。也就是说，尽管真正需要改革的是产业结构，但由于日本政府目光短浅，最终采取了完全相反的经济政策。

继续坚持旧的商业模式

在第四章中讲到，在2004年前后的日元贬值期间，日本出现了工厂回归国内的现象。当时建设的工厂都属于垂直一体化的工厂，也就是说从生产零部件到最终产品都在一个工厂里完成。

但是，正如第二章所述，当时世界制造业的发展趋势是逐渐转为水平分工的生产方式，代表企业就是苹果公司。除了苹果公司之外，美国的制造业也明确制定了转变的方针，即逐渐转变为专注于制造工序以外的商业模式。

在制造业领域，产品在制造阶段的利润率并不高。因为都是标准的生产工序，所以完全可以由其他企业代替。此时，利用廉价劳动力进行大量生产就十分有利。

而在产品的销售阶段，通过宣传新产品的创意、研发过程，同时发挥品牌的影响力，就可以让其他企业无法模仿，这样一来就可以实现差异化，从而提高利润率。

然而，在雷曼事件发生之前，日本大部分的企业都认为垂直一体化的模式更好。但是，正如前文所述，垂直一体化的模式之所以看起来很厉害，是得益于日元贬值。雷曼事件后，这种生产模式彻底崩溃，此时应该转变思想。

但是，即使在雷曼事件之后，日本企业还坚持认为必须要建立垂直一体化的大型工厂。原松下社长大坪文雄的曾在《文艺春秋》2010年7月刊中撰写了一篇名为《我"打倒三星"的秘诀》的文章。从文中可以看出，大坪文雄对韩国三星的快速发展抱有很强的危机感,想要建造和三星一样的大型工厂。

直到 2011 年秋天的中期结算,日本企业才意识到垂直一体化模式的失败,当时日本的电子产业陷入了"全线赤字"状态。

据说松下出现赤字的原因是姬路市的新工厂。"龟山制造"曾是精致液晶电视的代名词,然而 2011 年夏普也宣布其龟山工厂将由生产电视用大型液晶面板转为中小型面板,做出了大幅度的战略调整,最终于 2016 年被鸿海集团收购。

就这样,日本的制造业一直执着于复兴旧有模式的制造业,最终没能适应世界经济结构的大变化。

雷曼事件后的全球范围内的货币宽松政策和欧元危机

美国的量化宽松政策 QE1 和 QE2

2008 年雷曼事件之后,美国马上开始实施量化宽松政策。第一轮量化宽松政策(QE1)推出于次贷危机发生初期。2008 年 11 月 25 日,美联储首次宣布将购买机构债券和 MBS,标志着首轮量化宽松政策的开始,2010 年 3 月第一轮量化宽松结束。其间,美联储购买了 1.25 万亿美元的 MBS、3000 亿美元的美国国债和 1750 亿美元的机构债券,累计达 1.725 万亿美元。

第二轮量化宽松政策（QE2）推出于美国经济复苏过程中的回调期。为了促进经济恢复，降低通货膨胀率，压低长期利率，在2010年11月～2011年6月期间，美联储每月购买750亿美元的长期美国国债，购买总金额达6000亿美元。

欧洲经济泡沫及其破裂：欧元危机

美国的房地产泡沫破灭后，之前投资于证券化商品的资金开始转移到其他领域。这些资金最初流入原油和农产品等商品市场，随即引发了原油和农产品的价格暴涨，后来又流入到欧元区国家和一些新兴国家。

当这些资金流入欧元区国家后，立刻引发了经济泡沫。西班牙、爱尔兰和东欧国家的房价都开始急速上涨（英国不属于欧元区国家，但其房价也在急速上涨）。

此外，这些资金还流入了以希腊为首的南欧各国的国债市场，从而引发了国债泡沫。

不过，南欧各国的国债原本就存在很多风险，因此，泡沫不久就破裂了。于是投资者不得不出售国债，导致国债价格暴跌（收益率急剧上升）。2009年12月希腊的主权债务问题凸显，南欧国债的泡沫也跟着破裂。

于是，资金又从西班牙、意大利、希腊等南欧国家流出，导致这些国家国债的长期利率高涨,这就是欧元危机的起因。

为了寻求安全,这些资金又从欧元区国家流入了日本、美国、德国等"避风港",这种行为被称为"风险规避"。

在日本的国际收支中,证券投资收支自1992年后(除2004年、2006年、2007年外)一直是赤字状态(资本流出),但是,到了2011年却创下了约13万亿日元的巨额盈余(资金流入)。

流入日美德的资金开始购买国债,将长期利率拉至历史最低水平,而南欧的国债的收益率又在急剧上升,由此产生了长期利率两极分化的现象。

20世纪90年代以后,发达国家摆脱了通货膨胀。因此,各国政府认为没有必要继续实施量化宽松政策,并逐渐对宽松货币政策持怀疑态度。

确实,即使实行量化宽松政策,也不会引起物品或服务等商品价格的通货膨胀,但是很容易引发资产泡沫。也就是说,在发达国家,商品价格的通货膨胀(流动通货膨胀⊖)已经消失,取而代之的是资产价格的通货膨胀(存量通货膨胀⊜)。

⊖ 流动通货膨胀是指物品和服务等商品价格不断上涨的现象。
⊜ 存量通货膨胀是指土地和股票等资产价格上涨的现象。

| 第七章 |

民主党内阁与东日本大地震

身为执政党的民主党满足国民的期待了吗

鸠山内阁的成立

2009年7月,日本众议院召开全体会议后被解散,并于之后举行众议院选举。各种舆论调查自始至终都传递出民主党占绝对优势的信号,实际上,民主党也确实获得了众议院480席位中的308席,以绝对优势成为第一大党。

308席,作为一个党获得的议席数,创造了日本二战后的最高纪录,比例区㊀的得票也超过了2984万票,创下日本选举史上政党得票的最高纪录。

㊀ 比例区指比例代表制下的选举区。比例代表制,指根据参加竞选的各政党候选人所得选票,按比例分配议席的一种当选制度,在该选票计算制度下,各政党所得议席与其所得票数成正比。——译者注

2009年9月，民主党党首鸠山由纪夫当选日本第93任内阁总理大臣，实现了1955年以来日本政坛历史上的第一次真正意义的"政权更替"。日本的国民们亲眼看见了雷曼事件后日本经济的惨状，认为当务之急就是改变日本的经济结构和政治状况，所有人都在期待着民主党进行大刀阔斧的改革。

但是，正如下文所述，在2009～2012年的这几年前，民主党作为政权并没有做出什么成绩，辜负了国民们的期待。

"事业分类"不过是一场表演

民主党在2009年众议院选举的竞选纲领中表示："只要政权更换，就能开源节流，解决16.8万亿日元的财源。"民主党执政后，在2010年的预算案中，引入了育儿补贴、对公立高中学生实行免费教育、保障农民收入等项目，将年度预算支出扩大到了前所未有的规模。

同时自民党政权还设置了一个首相直属机关，名叫"行政刷新会议"，该组织主要进行"事业分类"工作，也就是在重新评估国家预算时，根据预算执行的实际情况，判断某项事业原本是否有必要进行、有没有浪费、应该由谁来执行等，以此来节省开支，解决财源问题。

然而，"事业分类"最终也不过是一场表演，并没有节省出多少财源，节约下来的资金只有7000亿日元左右。

减少浪费确实很有必要，但是，认为仅凭减少浪费就能重建财政，可以说是妄想。虽然减少浪费是财政健全化的必要条件，但离充分条件还很远。

鸠山政权提出的"不用增税就能实施新政策"的方针，原本就称不上是政策，只是一时兴起的一句话而已。

2010年6月菅直人当选为民主党新党首，在7月举行的参议院选举中，民主党惨败，日本国会再次成为"扭曲国会[⊖]"。

随着互联网的快速发展，信息环境也不断变化

20世纪90年代，互联网开始普及，进入21世纪后，互联网发展更加迅速，信息环境也跟着发生了巨大的变化。

近几年，推特、Facebook等这种社交网络服务（SNS）也开始大范围普及。我自己一直不太习惯用社交网络，准确地说是我不太知道应该如何应对这个大的变化。

2011年3月，我从早稻田大学研究生院退休，后又作为研究所顾问留校任教。从那时起，我每个月都会开展一次面

⊖ "扭曲国会"是指执政党在众议院过半数，在野党在参议院过半数而形成的国会众参两院对峙的状况。一般情况下，在野党控制参议院，可以在首相提名、法案审议通过、两院人事任免、临时国会和特别国会会期的延长、国务大臣（包括首相）的问责决议、国政调查权和证人唤问等问题与执政党展开对抗。——译者注

向大众的"特别讲座",还延长了提问的时间,因为我很享受和学员们的讨论。这个讲座如今依然在继续,谁都可以申请听课。每次的讲座信息都会发布在推特上,感兴趣的读者朋友可以关注我的推特。

此外,我还召集早稻田大学金融研究专业的毕业生们,成立了名为野口塾的研究会。

东日本地区可能会成为无人地带

东日本大地震与福岛第一核电站事故

2011 年 3 月 11 日,日本当地时间 14 点 46 分,日本东北部海域发生里氏 9.0 级地震并引发海啸。

当天,我在早稻田大学日本桥校区接受了一家报纸的采访。采访结束后,我走在走廊里,忽然感觉到教学楼剧烈地摇晃,震感大到仿佛要将人从窗户扔出去一样。

地震和海啸导致东京电力福岛第一核电站发生严重的核泄漏事故。

地震后,1～3 号机的所有反应堆自动停止了。地震引发了电源故障,导致机组失去了外部供电,但还是成功启动了应急柴油发电机。地震发生约 50 分钟之后,海啸袭击了核电站,设置在地下室的应急柴油发电机淹没在水中而停止运行。

因此，水泵无法运行，不能继续向堆芯和乏燃料池注入冷却水，也就不能带走核燃料的热量。由于核燃料在停堆后仍然会产生巨大的衰变热，如果不继续注水，堆芯内就会开始空烧。最终，核燃料会因自身放热而熔化。

在1～3号机中，由于燃料组件的包壳熔化，包壳中的燃料颗粒落到反应堆压力容器底部，形成了堆芯熔毁。

另外，1～3号机熔毁的堆芯向反应堆、汽轮机厂房内释放了大量氢气，导致1、3、4号机发生了氢气爆炸，厂房和周围的设施被严重损坏。

事故中的一系列事件在周围环境中泄漏了大量放射性物质。有专家推测该事故泄露的放射性物质是切尔诺贝利核电站事故的12%～15%左右。事故周边的大部分地区都被污染，约有15万周边居民撤离。

这起事故在国际核事件分级表（INES）中被分类为最严重的7级（特大事故），达到了与苏联切尔诺贝利泄漏事故相同的等级。

日本偶然地活了下来

当时，很多日本人都担心日本会不会灭亡。

据说在2号机也出现危险情况时，当时的福岛第一核电站的所长吉田昌郎，抱着"东日本毁灭"的念头准备赴死。

如果2号机也发生爆炸，日本东部可能会变成无法居住的地区。

至于为什么2号机最终没有发生爆炸，现在还不清楚，只能认为这是偶然。可以说，日本是"偶然"存活下来的。

我家附近住着几个外国人，核电站发生爆炸后，有一个德国人立刻就回国了。他们大概觉得日本已经无法居住了吧。我也每天在电视上看着福岛核电站的最新情况，提心吊胆。有报道哪里停电的，也有报道哪里的自来水被污染的。

福岛第一核电站事故就是因为日本没有充分考虑核能发电的安全性才发生的。这再次让日本人认识到，过去的日本经济是建立在多么脆弱的基础之上。

虽然日本经历了如此大的灾难，但这一年的春天依然和往常一样，梅花照常盛开，樱花和桃花也灿烂绽放。这些灾难丝毫没有影响到大自然的循环往复，一年四季依然正常，好像大自然对人类世界毫不关心，想想觉得真是残酷。

日本经济受到了巨大影响

东日本大地震给日本经济带来了巨大影响。

首先就是对电力系统的影响。受地震的影响，日本电力供应能力下降，东京电力和东北电力不得不实施轮流停电的措施。

在东日本大地震之前，日本之所以没有发生电力供应不足的问题，就是因为可以依赖核能发电。如果不能依赖核能，日本就很难保证电力充足，而且发电的成本可能也会很高。可以说，东日本大地震将日本经济的这些潜在问题，一下子都暴露了出来。

此外，此前日本的"出口立国"发展模式，就是建立在"核能发电绝对安全"的"神话"之上的。在福岛第一核电站事故之前，日本的目标是用核能发电来供应一半的电力，但东日本大地震让这一神话彻底破灭。

地震发生后，所有的核电站一度全部停止运行，截至2015年，60座反应堆中只有9座重新启动。

另外，在大地震中，工厂等生产设备遭到严重破坏，导致整个日本制造业的供应链受损，就连受灾地区以外的生产活动也都陷于瘫痪。在汽车生产领域，连海外生产基地的生产也受到了影响。

贸易赤字逐渐扩大

从出口大国到进口大国

其次，东日本大地震对日本的贸易结构也产生了极大影响。

截止到2007年，日本的贸易顺差一直保持着每年10万亿日元的水平。如第六章所述，雷曼事件的爆发导致日本的出口骤降，日本的贸易顺差急剧下降，到2008年、2009年降至4万亿日元左右。不过，到2010年，贸易顺差又恢复到7万亿日元左右，但大地震后直接转为贸易逆差（见图4-1）。

从大地震后的日本贸易收支的变化来看，2011年4月日本贸易逆差达到4648亿日元，5月又上涨到8537亿日元，连续2个月出现贸易逆差。5月份贸易逆差额仅次于雷曼事件后的2009年1月创下的9679亿日元纪录。

在大地震前的2010年4月，日本的贸易收支为顺差7292亿日元，到了大地震后，日本的贸易收支为逆差8537亿日元，这两个数值加起来近1.6万亿日元，也就是说，日本的经济损失了近1.6万亿日元。这些数字反映出，日本经济因地震受到了很大的影响。

日本的贸易顺差骤降的第一个原因是汽车的出口减少了。受大地震的影响，整个制造业的供应链受损，导致汽车的生产下降，汽车的出口也就跟着下降。但是，2011年6月左右，汽车的生产和出口也都基本恢复了。

第二个原因是进口的增加。大地震之后，日本对矿物性燃料的进口增加了，尤其是液化天然气（LNG）的进口增长尤为显著。这是因为福岛第一核电站事故后，日本政府中断了部分核电站的运行,为了维持电力供应,日本各电力企业纷纷增加了其他能源尤其是火力发电的负荷量,再加上液化天然气的价格上涨,使得进口额增加。此外,因为原油价格下跌,所以原油的进口额达到了顶点,但是液化天然气的进口额依然持续增加。

在日本,传统观点都认为"出口振兴"就等同于"贸易立国",并且为了促进出口,日元贬值也是必要的手段。事实上,通过进口让国民过上富裕的生活也是贸易立国的一种表现。在灾后重建时期,进口的重要性尤为突出。

另外,如果贸易收支的顺差减少而逆差常态化,那么,因日元升值而受益的人,要比因日元升值而受损的人要多得多。也就是说,这时候整个国家都希望日元升值。但是,大部分人都认识不到这一点。

必须转变政策为"投资立国"

国际收支中还有一个项目是收入收支。在这个时期,日本的收入收支依然保持着巨额顺差,所以,经常收支没有出现逆差(贸易收支是商品和服务的出口和进口的差额,收入收支是对外资产的收益和对外负债支付的利息的差额)。可以说,日本成了一个用收入收支顺差来弥补贸易收支逆差的国家。

雷曼事件爆发前,日本的贸易收支处于顺差状态,当时的日本被称为"未成熟的债权国"。

但是,如前文所述,日本的贸易收支顺差从 2008 年后开始下降,到了东日本大地震后直接转为逆差状态(见图 7-1)。

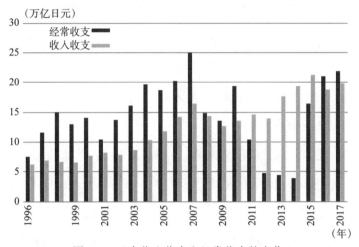

图 7-1　日本收入收支和经常收支的变化

资料来源:财务省,国际收支一览表。

另外,随着日本人口老龄化问题的不断加剧,今后日本的贸易顺差将会持续减少。因此从长远来看,日本的"出口立国"模式是不可能维持下去的。

日本正逐渐通过海外资产的利息和红利等资产收入盈余来维持经常收支顺差,这意味着日本将从"未成熟的债权国"转变为"成熟的债权国"。

有人认为"日本的自然资源匮乏,如果不通过出口赚取外汇就无法生存下去"。事实上,这种想法是错误的。日本并不一定非要努力生产商品，实现贸易顺差。因为，通过运用已有资产，日本也可以维持商品的进口。

正如上文中所述，日本拥有巨额的海外资产，这些资产带来的资产收入盈余可以维持巨额的收入收支顺差，从这个角度来看，日本就没有必要过于执着于追求贸易收支的顺差。在这一点上，日本人必须要转变想法。

对于处于这一阶段的日本来说，比起增加出口，提高对外资产的收益率更重要。

但是，从实际情况来看，日本对外资产的收益率并不高，这是因为日本的对外资产中，证券投资和国债投资比较多。

因此，积累和掌握一定的金融知识，去充分运用对外资产，这一点十分重要。今后的日本应该逐渐向"投资立国"的方向转变。

欧元危机导致日元升值，日本股价下跌

日元持续升值

东日本大地震之后，日本面临着日元升值的局面。

如第六章所述，欧元危机导致南欧国债的收益率上升（价格暴跌），一些投资者为规避风险，将资金从欧元区国家转移

到日本。

日本经济的一般规律是：当日元贬值，企业利润就增加，股价跟着上涨；当日元升值，企业利润就减少，股价随之下跌。东日本大地震之后，日元开始升值，股价也跟着下跌。

面对这一局面，民主党的立场让我难以理解。按理说，从劳动者的立场出发，政府应该主张日元升值是有利的。此外，为了应对日元升值，日本政府应该创造一定条件去改革产业结构。

但是，民主党政权为了寻求更加简便的解决方法，主张日元贬值，甚至直接干预外汇市场。然而，即使进行干预，汇率的趋势也不会改变，民主党政权被逼入绝境。

这清楚地表明，在日本的经济政策讨论中，代表劳动者和消费者的政治势力并不存在。

2012年夏天，欧元危机逐渐平息，日元开始贬值。这一部分内容将在第八章中详细阐述。

应该阻止日元升值和制造业的海外转移吗

当时，大部分人都主张"日元升值会破坏日本经济"。对此，我想阐述以下两点。

第一，切实影响贸易等实质性经济活动的，并不是名义汇率，而是实际有效汇率，因为实际有效汇率是将各国消费者物价指数增长率差异也考虑在内的。这样看来，在这个时间点上日元仍然大幅贬值。实际有效汇率与过去的峰值（1995年）相比，日元贬值了五成左右，与2000年相比，日元贬值了3成左右。

第二，从消费者的立场来看，日元升值是有利的。如本章前文所述，受福岛第一核电站事故的影响，日本不得不从海外进口大量的液化天然气等燃料，所以如果日元升值，消费者就能廉价购买燃料。

受日元升值的影响，2010年夏天，日本制造业开始急速向海外转移，2011年受大地震影响，国内生产条件被破坏，制造业更是快速迁往海外。

制造业的海外转移势必会引起很大的问题，其中最为严重的就是国内就业机会大幅减少。但是，要想解决就业机会减少的这一问题，最关键的办法并不是阻止制造业的海外转移，而是要在国内建立起新的产业。

从三党协议到众议院的解散

早在很久以前，各党派就开始讨论提高消费税的必要性。这是应对老龄化社会、使社会保障制度有稳定财源的必要措施。但不可否认的是，提高消费税在政治上并不受欢迎。因此，提高消费税一直被推迟。

2012年3月,民主党与自由民主党、公明党达成了三党协议,同年6月,国会众议院表决通过了以提高消费税率为主的社会保障与税制一体化改革相关法案。

在2012年11月16日召开的国会两院议员总会上,时任日本首相野田佳彦宣布解散众议院,并将重新举行大选。自2009年8月民主党政权诞生以来,时隔3年零4个月,日本再次举行众议院选举。

在12月的总选举中,民主党惨败,从2009年开始存续了3年的民主党政权就此崩溃。

全球范围内的量化宽松竞赛

2012年,主要发达国家的央行相继展开前所未有的量化宽松竞赛。

2012年9月欧洲中央银行许诺无限制购买南欧国家(主要是西班牙和意大利)的1～3年期的国债。受此影响,第二天西班牙10年期国债收益率跌至5.57%,意大利10年国债跌至5.02%。于是,欧元又上涨了。

紧接着,在9月12～13日美联储的货币政策会议上,联邦公开市场委员会(FOMC)推出了第三轮量化宽松政策(QE3),其目的是刺激房地产市场,改善就业环境。

2012年10月30日,日本央行召开金融政策会议,决定通过向金融机构购买国债等方式向市场追加投放 11 万亿日元。此外，2013 年 4 月，日本央行又引入了异次元量化宽松货币政策。这一部分，我将在第八章进行详细阐述。

我们这一代人的 21 世纪头 10 年

个人发起的奖学金

步入 2010 年，我们这一代人大部分都已经 70 多岁了。

到了这个年龄，身边逐渐开始有朋友离世了，我的高中同学半田宏治就是在这时候去世的。他在年轻的时候去了加拿大，在多伦多开了一家日本车的经销商店，事业做得很成功，60 岁的时候退休了。

我们两个人有一个共同点，那就是都不喜欢依赖组织，讨厌看上司的脸色工作，更喜欢自己创业做点什么事。

半田在退休后卖掉了自己经营的事业，设立了一项奖学金，叫作"半田奖学金"。因为是个人出资的基金，所以金额并不大。该奖学金项目的总额为 18 万美元，每人在 2 年内可以申请 3 万美元，无须偿还。

单从奖学金这一角度来看，这或许可以说是一个"小小的筑梦计划"，但与政府和大企业设立的奖学金规模相比，这一金额确实是微不足道的。但是，我们要知道，这是一个普通的国民做的事。

事业成功的人大有人在，但是，大部分的成功人士都只会把钱花在盖豪宅、买别墅和豪车上。即使他们自己想要捐赠一些钱给社会，周围的人可能也不会同意，尤其是要说服那些有权继承遗产的人更是困难。

一个人想设立奖学金这件事，绝对不是谁都能做到的。也许有人会认为"半田奖学金"的规模微不足道，那么请先扪心自问自己能做到吗？

2018年11月，日产汽车前总裁卡洛斯·戈恩被逮捕。从赚钱多少来说，戈恩远远超过半田，但从钱的用法来看，显然半田胜出。一生中能有这样的朋友，我从内心里感到骄傲。

半田还找我一起商量怎样使用奖学金，经过多次讨论，最终我们决定从美国宾夕法尼亚大学沃顿商学院的日本学生中选择几位发放奖学金。

半田、我还有其他几位朋友，我们一起组成了一个奖学金选拔的日本委员会，并在2003年进行了第一次面试，确定了两名学生。之后的四年时间里，"半田奖学金"一共发放给了六个人。

半田期待着在这些学生中能够出现改变日本的人才。他们不拘泥于日本社会的规则，也不局限于大学所学的专业，他们能以更加自由的想法去开拓未来。同时，他们也不会刻意地区分"日本和外国",而是能够以全球视野开展自己的工作。

要想重新激活日本经济,归根到底还是要依靠人才。这也是日本增长战略中最薄弱的一环。如果缺乏支撑日本经济的人才,日本经济就不可能发展起来。然而,日本对于人才培养的具体方案却极为欠缺。正因为如此,半田才希望自己设立的奖学金能够一直持续下去。

但是,很不幸半田生病了,在东日本大地震不久后他就去世了。此前我们两个人还商量着要把他在多伦多郊外购置的农场大院进行改建,用来为已经步入社会的年轻人制订研修计划。如今想来,甚是怀念。

我的七十多岁

到了七十多岁,我不再上课了,开始做一些自己更喜欢的事。

2013年6月,韩国世界知名小提琴家郑京和在东京的三得利音乐厅举办个人音乐会,我去现场聆听了。

我是郑京和的乐迷,之前也去听过两次她的演奏。因为我和主办者认识,所以两次音乐会我都有幸能到后台给郑京和送花(她也欣然收下了)。

一直以来我都对日本的经济政策争论抱有很大的不满,但当我看到郑京和用她优美的演奏让整个音乐厅都充满了浪漫感动的气息时，那一刻，我强烈地感觉到，什么股价、汇率，抛开这些，人生真是值得好好一过啊。

2014年，我对虚拟货币产生了兴趣。也是在这一年，乌克兰发生危机，网上曝出了很多当时乌克兰的照片。其中有一张路障的照片，照片中，路障上放着献给遇难者的花束，旁边贴着一张海报，上面是比特币的徽标和一个二维码，下面用英语写着"Ukrainian revolution ask for support in Bitcoin"（乌克兰革命需要比特币的支持）。

无论你在哪个国家，还是在地球的另一端，只要你是支持乌克兰的人，都可以通过扫描这张照片上的比特币二维码来捐款，去帮助正在战斗的乌克兰人民。当时，我甚至认为比特币可能会引发新的政治运动。

这件事深深触动了我，于是我于2014年6月出版了《虚拟货币革命》（钻石社）一书，详细介绍了比特币的有关情况（但是，后来比特币价格开始疯狂上涨，并逐渐成为人们投机的对象，尤其是2017年时，比特币的价格异常之高。）

| 第八章 |

安倍经济学和异次元货币宽松政策带来了什么

异次元量化宽松货币政策没能增加货币供给量

异次元量化宽松货币政策只增加了货币基数

2013年4月，日本央行引入了异次元量化宽松货币政策，决定增加国债买入额，并延长购入国债期限，长期国债保有额每年增加约50万亿日元，并提出两年内实现2%的通货膨胀目标。

但是，报纸等媒体在提到异次元量化宽松货币政策时，就只会说"市场上有大量的货币供给""货币供给会源源不断"。

但是，这一说法是一个很明显的错误，实际上，也并没有出现这种情况。

之所以说是错误，是因为这一说法将"货币基数"和"货币供应量"这两个概念混淆了。货币供应量是指在某一个特定时间点中，货币资产的总量，而货币基数也就是所谓的基

础货币。㊀

根据异次元量化宽松货币政策，日本央行将以每年60～70万亿日元的速度增加基础货币，直至实现2%的通货膨胀目标为止。

2013年4月，日本的货币基数迅速增加，这是引入异次元量化宽松货币政策后，日本央行增加国债买入额的直接结果（日本央行购买国债的资金转成了金融机构在日本央行的活期账户余额。因为活期存款也是基础货币的一种，所以基础货币也会增加）。

货币供应量并没有增加

但是，货币供应量几乎没有增加。

根据货币宽松政策的解释，货币基数，也就是基础货币，其数额大小会影响货币供应量的增减变化，具有使货币供应总量成倍放大或收缩的能力，又被称为高能货币。因此，当基础货币增加，货币供应量理应成倍增加。然而，实际上，

㊀ 货币供应量是指一国在某一时期内为社会经济运转服务的货币存量，它由包括中央银行在内的金融机构供应的货币存款和现金货币两部分构成。货币供给量有三个定义，分别是M0、M1及M2，但部分地区会定义为M1、M2及M3。其中M0＝流通中的现金；M1=M0＋商业银行活期存款，称为狭义货币供应量；M2 =M1+ 商业银行定期存款，称为广义货币供应量。
"货币基数"又称为基础货币、强力货币，是指商业银行存入中央银行的法定存款准备金和社会公众持有的现金之和。

货币供应量并没有增加。

图 8-1 反映了这两组数据的具体变化情况。从图中我们可以看出,虽然基础货币增加了,但货币供应量却没有太大变化,可以说是白忙一场。那么,为什么会这样呢?

图 8-1 基础货币与货币供应量的变化

资料来源:日本央行。

一直以来,日本政府讨论各种政策的前提都是,认为市场存在大量的资金需求。

一般在讨论是否要增加基础货币时,其默认前提是市场存在大量的资金需求。在这种情况下,银行自然要增加贷款。但是,现实情况是,如今的日本社会并没有资金需求。

这里可以用一个通俗易懂的例子来说明。比如,我们牵着狗去公园散步,当狗精神振奋想要跑起来时,我们可以拉住绳子不让它跑，但是，如果是一条筋疲力尽的狗，那么我们即使推着它，它也不会动。

货币政策也是一样的道理。如果整个经济环境健康，且市场上有资金需求，那么就可以通过货币政策来刺激投资等支出。但是，当经济不景气，市场上没有资金需求时，无论多么宽松的货币政策都不会刺激支出。

也就是说，通过货币政策，可以"拉"住经济，但不能"推"动经济。因此，当市场上没有借贷需求时，即便增加基础货币，货币供应量也不会增加。

这就是为什么基础货币显著增加，货币供应量却几乎没有增加的原因。

我早已预料到是这一结果。因为，从2001年开始，日本央行就一直在实施量化宽松政策，当时货币供应量也没有增加，有想要详细了解这部分内容的读者，可以去翻阅我的拙著《宽松货币政策将毁掉日本》（钻石社，2013年）。

日元贬值并不是安倍经济学的产物

2012年秋天，日元开始大幅贬值，于是出口企业的利润开始增加，股价也跟着上涨（这部分内容在已在本章前文中详细阐述）。

但是，日元贬值并不是日本采取宽松货币政策的结果，而是因为欧元危机逐渐平息，全球投资资金流向发生变化（其中包括许多投机行为）的结果。

在第七章中讲到，2011年左右，受欧元危机的影响，一些国际投资资金从欧元区国家流入日本，从而加速了日元的升值。这是一种风险规避行为。

但是，2012年夏天和秋天，随着欧元危机逐渐平息，这些资金又开始回归欧元区国家，导致欧元走强，紧接着日元对美元汇率也逐渐降低。

从日元对欧元汇率的变化来看，2012年7月是1欧元兑100日元，进入8月后日元开始贬值，到了2013年1月中旬，1欧元兑120日元，4月初，1欧元兑130日元。

这里需要注意的是，日元对欧元的贬值早于日元对美元的贬值，而且日元对欧元的贬值幅度要大于对美元的贬值幅度。这些事实都表明，日元贬值是由欧元区国家的经济局势变化引起的。

此外，我们还应该注意到，这是安倍晋三就任（2012年12月）之前就已经发生的变化。也就是说，日元贬值不是由日本的政策引起的，而是由海外经济局势变化引起的。

特朗普当选导致日元贬值

之后，日元依旧持续贬值。2014年2月开始，日元对美元汇率基本维持在 1 美元兑 101～102 日元的范围内，但到了 2014 年 8 月下旬，日元开始贬值，12 月下旬，日元对美元汇率为 1 美元兑 120 日元左右。

之后，日元又开始逐渐升值。这是由于随着美国货币政策的正常化，资金从新兴市场国家流出，流入了被认为是避风港的日本。

但是，2016 年 11 月，唐纳德·特朗普（Donald Trump）当选美国第 45 任总统，使得美国利率上升，于是日元再次贬值。所以说，日元汇率的变化不是因为日本的经济政策，而是取决于海外条件的变化。

追加实施的宽松货币政策和负利率政策也没有任何效果

为应对油价下跌，日本追加实施货币宽松政策

2014 年 10 月，日本央行进一步提高货币政策的宽松程度，具体内容如下：

（1）将每年基础货币投放增量由原来的 60 万亿～70 万亿日元扩大到 80 万亿日元。

（2）将长期国债的保有余额增加至每年 80 万亿日元，并将日本国债持有平均期限延长至 7～10 年。

（3）将交易所交易基金（ETF）购买金额增加至每年 3 万亿日元。

至于为什么要追加实施宽松货币政策，日本央行给出的解释，简单直接地来说就是"国际油价下跌，日本 2% 的通货膨胀目标就无法实现，为了抵消这一影响，就需要进一步放宽货币政策"。也就是说，"（至少从短期来看）油价下跌是不好的现象，所以要采取相应的措施"。

但是，油价下跌并不是一件多坏的事，是不需要通过进一步放宽货币政策去应对的。从这一点就可以看出，以提高通货膨胀率为目标的日本货币政策是存在问题的。

政府必须客观评价宽松货币政策

2016 年 9 月，日本央行在货币政策会议上，对此前实施的宽松货币政策的效果和影响进行了总结性验证。

但是，会议内容基本上都是在找借口，例如"因为原油价格下跌，所以无法提高通货膨胀率"。本来日本央行的社会信任度就岌岌可危，此次总结会议更是让人们对其彻底失望。要知道，真正重要的是要客观地评价此前的货币政策。

首先就是关于 2% 的通货膨胀目标，也就是物价上涨目标。先不说目标定的是不是合适，是不是能被大家所接受（我的想法和央行恰好相反，我认为降低物价、增加实际消费才是必要措施），但可以确定的是，2013年4月提出的2%的通货膨胀目标确实没有实现。

简而言之，异次元宽松货币政策就是失败了。

但是央行却解释说，之所以没能达成通货膨胀目标，是因为原油价格下跌。这就相当于承认日本经济就是"一切随缘"。也就是说，在日本，物价基本上由汇率和油价决定。

如前所述，货币政策要想发挥作用，货币供应量必须发生变化。物价上涨也是如此，不管物价和货币供应量之间有怎样的关系，只要货币供应量不发生变化，就无从谈起。异次元宽松货币政策之所以没有发挥效果，是因为货币供应量几乎没有增加。

因此，日本央行最应该总结验证的是为什么货币供应量没有增加。

日本经济的短暂恢复，看似是异次元宽松货币政策的效果，其实是日元贬值带来的效果。而且，如前所述，日元贬值也并不是因为央行的宽松货币政策，而是因为欧元危机的平息。

负利率也无法激活经济

前文中已经讲到，宽松货币政策之所以没有效果，就是因为市场上没有资金需求。一旦利率降到非常低的水平，无论多么宽松的货币政策,都无法增加资金需求。

在经济扩张的时候,央行可以通过提高利率来抑制贷款。但是,如果利率降到非常低的水平,就不能再低了(除非采用负利率),所以并不会对贷款产生影响。

为了应对这种情况,日本央行于2016年1月末引入了负利率政策,想要以此来刺激贷款,然而并没有什么效果,反而严重影响了金融机构的收支情况。

所以,宽松货币政策也无法激活日本经济,改革日本的经济结构才是当务之急。

安倍经济学并没有让日本经济实现增长

营业利润只是受汇率变动的影响而已

有观点认为"安倍经济学刺激了企业的发展"。但是,从数据来看,这一观点明显存疑。

首先,这几年日本企业的销售额和营业利润只是受汇率变动的影响。

先来看日本企业的销售额和营业利润与上年同期对比的数据变化。

如图8-2所示,自2013年以来,企业的营业利润有三次显著的增长。在这三个时期,股价也都明显上涨。

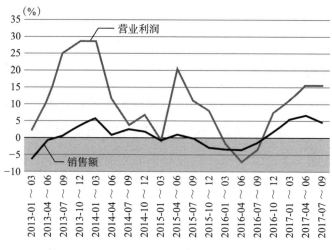

图 8-2　企业销售额与营业利润的上年同期比

资料来源：法人企业统计数据。

那么，为什么这三个时期的企业营业利润增长了呢？

2013 年下半年到 2014 年年初的利润增长是因为此时日元贬值，物价跟着上涨，企业销售额也跟着增长。

2015 年上半年的这一时期，是因为原油价格下跌，企业的销售成本就降低了，所以利润就增长了。

而 2017 年时的利润增长是因为从 2016 年 11 月日元开始贬值，企业的销售额跟着增长。2016 年 11 月，唐纳德·特朗普当选美国总统，提出将美国联邦法人税率从 35% 下调至 15%，以及今后 10 年里展开 1 万亿美元的基础设施投资。经济增长预期和财政恶化隐忧这两方面原因推动了美国利率的上升。为应对这项政策对国际贸易的影响，日元开始急剧贬值。

日元贬值，企业利润会增长；汇率稳定，或者日元升值，企业利润就会下降。

因此，所谓的利润增长，只能说是变动，并不是真正意义上的增长。为了验证这一点，我们来看企业实际利润的变化。

从图 8-3 可以看出，营业利润确实有很大波动，但是并没有明显增加的趋势。

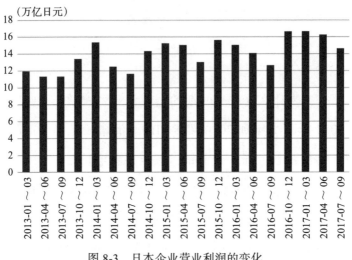

图 8-3　日本企业营业利润的变化

资料来源：法人企业统计数据。

让我们再来看企业销售额的变化。整体来看，很明显企业的销售额基本上处于停滞状态。从图 8-4 可以看出，近几年日本企业的销售额基本上和 2013 年年初相当。

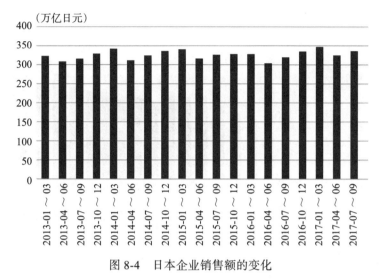

图 8-4　日本企业销售额的变化

资料来源：法人企业统计数据。

工资没有上涨，消费也没有增加

其次，日本经济要想实现持续增长，实际消费就必须增长。那么，国民的消费动向如何呢？我们来看居民实际最终消费支出（季节性调整后的数据）的变化（见图 8-5）。

2014 年 4 月，在政府宣布消费税增税之前，国民的"突击消费"导致市场需求上升，但增税之后需求则迅速回落。但是，从整体上来看，并没有太大的变化。近几年日本的消费水平与异次元宽松货币政策开始实施的 2013 年 4～6 月的水平相当，谈不上增加。也就是说，安倍经济学并没有让日本经济走上持续增长的道路。

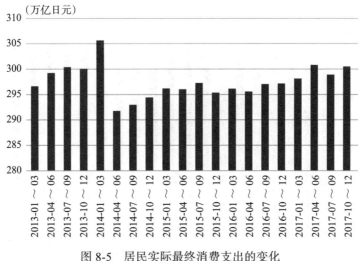

图 8-5　居民实际最终消费支出的变化

资料来源：国民经济统计数据。

那么，为什么会这样呢？原因如下。

上文中提到，自 2013 年以来，日本企业的利润增加了，股价也跟着上涨了。但是，这仅仅是价格上涨带来的，并没有实际的增长。也就是说，只是账面上的利润增加了。

因此，工资也没有上涨，而且日元贬值导致物价上涨，实际工资反而下降了。根据厚生劳动省的每月劳动统计调查，2017 年劳动者的实际工资比 2016 年减少了 0.2%。之所以会出现这种情况，是因为日元贬值的同时，原油价格也开始回升。因此，消费没有增长。

也就是说，日本政府本来应该努力构建以消费为主导的发展模式，增强消费对经济发展的推动作用，然而现实却完全相反。

面对到这种情况,日本政府应该取消物价上涨的目标。当然,并不是因为无法达成这一目标而取消,而是因为物价上涨本来就不应该是货币政策的目标。取而代之,应该以实际工资的增长率为目标。

因此,宽松货币政策和日元贬值是无法真正解决日本经济所面临的问题的。只有改变经济结构,尤其是要利用新的信息技术去发展经济,才能从根本上解决问题。但是,日本在这方面远落后于世界。这部分内容,我将在第九章进行详细阐述。

宽松货币政策的出口在哪里

全球货币政策逐渐正常化,日本却继续放宽货币政策

随着世界经济稳健增长,美联储和欧洲央行都开始逐渐收紧货币政策,然而只有日本央行还在继续实行宽松货币政策。

日本继续实施宽松货币政策,并不是因为想要刺激经济发展。上文中已经讲到,日本企业的销售额和营业利润的增加只是因为受到汇率变动的影响。

那么,为什么日本无法从宽松货币政策中脱身呢?

第一个原因就是，宽松货币政策是安倍政权的口号，因此，只要安倍政权还在继续，日本就不得不继续实施这一政策。

第二个原因则更加严重，那就是一旦日本央行停止宽松货币政策，利率就有可能暴涨。

2017年，美国的长期利率（10年期国债收益率）为2%左右，近几年已经上升到了3%左右。但是，日本的长期利率一直以来都在0.05%左右，几乎没有太大变化。这是因为日本央行一直控制着利率。

结束宽松货币政策就意味着，日本央行失去了对市场的控制。这样的话，一直被控制在国际范围内都非常低的利率，马上就会暴涨。

一旦利率高涨，经济就会陷入混乱。为了防止这种情况的发生，美联储自2013年以来一直在小心翼翼地逐渐收紧货币政策。

但是，日本却面临着以下几个难题。

一旦利率上升，日本央行将面临巨额潜亏

因为日本央行持有巨额的国债，如果长期利率上升，就会发生潜亏。如果出售国债，那么潜亏就会变成实际亏损。就算央行一直持有长期国债，但如果短期利率上升，央行就需

要对金融机构存放在央行的活期存款支付一定利息,这样一来,支付的利息与持有的国债收益就会形成负差价,央行就会产生亏损。

那么,具体会产生多少的损失呢?这取决于国债持有额、偿还期限以及利率上升幅度。

2017年5月10日,日本央行总裁黑田东彦在众议院财务金融委员会上说:"如果长期利率上升1%,假设日本央行出售国债,那么日本央行所持有的国债将预计损失23万亿日元左右。"

如果长期利率上升2%,那么就会有46万亿日元的损失。假设物价上涨率按照日本央行的目标上升到2%,那么短期利率也会达到2%以上。而长期利率会比短期利率还要高,所以很有可能长期利率上升到3%。如果长期利率上升到3%,日本央行所持有的国债预计将损失69万亿日元,这将是一笔巨额的损失。

在异次元宽松货币政策开始实施的时候,日本央行提出实现2%的通货膨胀目标的期限是"2年左右,尽可能快"。可见,当时日本央行并没有想到持有国债的余额如此之高。

之所以日本难以收紧宽松货币政策,是因为该政策的持续已经超出了当初的预期,结果日本央行积累了巨额的国债余额(见图8-6)。截至2018年8月,日本央行的总资产达

548.9408 万亿日元，超过了 2017 年 548.6648 万亿日元的名义 GDP。

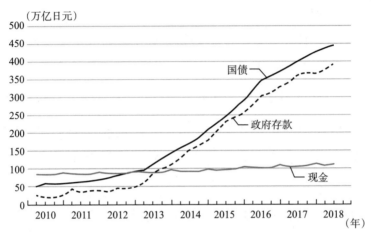

图 8-6　日本央行持有国债余额的变化

资料来源：日本央行。

但是，黑田总裁说的是预计损失，所以如果不卖掉国债，就不会有真正的损失。如果继续持有国债，损失也只是潜亏。

即使继续持有国债，日本央行也会产生巨额损失

那么，只要继续持有国债，就不会产生问题吗？实际上，在这种情况下也会产生损失。

因为央行需要对金融机构存放在央行的活期存款支付一定利息。

物价上涨时，如果不提高名义利率，实际利率就会变成负

数。这样的话，就会引发对土地等的投机行为。因此，假设物价上涨率达到 2%，那么短期利率也必须上调至 2% 左右。

但是，要想让短期利率达到 2%，不仅要解除现在实行的负利率，还需要对与超额准备金（是指商业银行及存款性金融机构在中央银行存款账户上的实际准备金超过法定准备金的部分）相当的活期存款余额支付最低 2% 的利息。因为如果利息一直很低的话，活期存款就会被转移出来用于贷款，以供投机性投资。

这个利息金额的多少因活期存款余额和需要支付利息的利率的不同而不同。假设央行每年需要支付的利息是 6 万亿日元左右，那么，等到现在持有的国债被偿还完，央行一共需要支付的利息可能会高达几十万亿日元。

前文中提到，如果长期利率上升 2%，出售国债后，央行就会有 46 万亿日元的损失。然而，正如上文所述，即使央行一直持有国债到期，也会产生几乎相同金额的损失。

利率上升，财政就会崩溃

然而，日本面临的问题远不止这些。由于日本的财政赤字较大，需要持续发行国债，如果长期利率上升，需要支付的国债利息就会增加。

即使市场上的国债收益率上升，也不会立即影响到国债利息。因为国债利息是由息票率（即支付利息与票面价值的比率，也称票面利率）决定的。

只有在发行了利率较高的新国债，或是偿还旧国债后又借了新国债后，国债利息才会增加。因此，市场利率上升的影响，会随着新国债发行和旧国债换新的进行，一点一点逐渐显现出来。

假设今后每年会发行与过去相同规模的新国债，偿还与过去相同规模的旧国债，完成相同规模的新旧国债置换，那么适用新利率的国债余额在国债总余额中所占的比率将在5年左右超过50%。也就是说，市场利率上升的效果，在相当早期就会对支付利息产生影响。而且到了第9年的时候，占比将达到64%。

那么，国债支付利息的实际金额是怎样的呢？

假设新发行的国债和置换后的新国债的平均收益率都达到3%。在这种情况下，5年后的国债支付利息总额将增加至3倍。

到这里并没有结束。因为，国债余额也会持续增加，在此之后，国债支付利息也会随之增加。如果新的国债收益率是3%，5年后的国债支付利息大概会占财政预算总额的1/3。

这简直就像是一个"噩梦剧本"。

另外，除了以上支付利息之外，还有用于偿还本金的"债务偿还费"。加上这些费用，国债支付费用将达到财政预算总额的一半左右。这样一来，国家就没办法编制财政预算了。这已经不是能否完成重建财政的问题了，就只能等着财政崩溃了。

一直以来，日本的财政依靠通货紧缩和低利率压缩了利息支出，勉强维持了下来。如果利率恢复到正常的水平，仅仅是支付利息，日本财政都难以应付。

关于长冈实的记忆

保持官僚的中立性

2018年4月，原大藏省事务次官、原东京证券交易所理事长长冈实逝世。我想记录下对于这位先生的记忆。

大藏省自古以来就与政治家的权力斗争保持着一定的距离。但是，20世纪70年代初，发生了一件差点撼动这一原则的事。

当时，掌握自民党实权的人是田中角荣和福田赳夫。在大藏省内，主计局局长桥口收和主税局局长高木文雄成了下一任大藏事务次官的候选人。桥口收是福田派，高木文雄是田中派。结果，高木文雄升为大藏事务次官，于是人们就担心在大藏省内会出现田中派和福田派。这样的话，大藏省就会被政治家所支配。

继高木文雄之后，1975年担任事务次官的竹内道雄和官房长长冈实的组成了搭档，也就是所谓的"竹内–长冈阵线"，他们为清除大藏省内的派系斗争做了很多努力。据说这些努力都取得了好的结果，之后大藏省再也没有卷入政治家的权力斗争中。

获得部下信赖的领导

1979年，长冈实就任大藏事务次官，之后，他被人们称为"大藏省的男人"（据说他本人很讨厌这个称呼）。

先不说怎样的称呼合适他，实际上，他确实是一位理想的领导者（次官这个职位虽然听起来不像是组织的领导者，但实际上属于高层领导者）。

一个组织的领导者应该具备什么素质呢？

首先，判断正确、有预见未来的能力是必需的。但是，具备这两点，也只能胜任参谋，而作为一线领导，仅仅这样还不够，还需要更核心的能力。

那就是能够获得部下的信赖。也就是说，让部下能有一种"只要跟着这个人走就不会错"的信任感，同时还有一种"希望得到这个人的评价"的愿望，甚至到了"付出什么都可以"的程度。

长冈先生就是拥有这种能力的领导者。拥有这种领导者的组织才是强大的组织。如果是政府机关，无论拥有多么强大的权力，如果没有这样的领导者，那么随时都有可能因为一点事情就崩溃瓦解。

这几年，政府机关和大企业被曝出了各种各样的丑闻。这些组织的领导者似乎都缺乏上述的那些能力。在这些领导者的手下工作的人，想必很辛苦。让人不禁感慨，如今的日本社会怎么就变成这样了呢。

20世纪70年代受命制订中期财政计划的试行方案

长冈先生曾经是我的上司。1973年，长冈先生是大藏省主计局次长，我给从证券局调过来的主计局调查科科长做助理。

这一年被称为"福祉元年"。税收顺利增长，日本政府也进一步扩大了社会保障政策。但是，当时的长冈先生已经预见到，社会保障支出将会给未来财政带来巨大负担。要想控制社会保障支出，就必须要制订财政计划，于是长冈先生命令我制订一套试行方案。

当时，我计划先认真研读西德的中期财政计划，然后模仿西德的中期财政计划，制订出日本的中期财政计划试行方案。于是，我委托日本驻德国大使馆波恩办事处去收集资料。

20世纪60年代，美国国防部部长罗伯特·麦克纳马拉启用了一种叫作"计划项目预算制"[○]（Planning-Programming-Budgeting System，PPBS）的新的预算编制体制。我对此产生了浓厚的兴趣。

因此，除了借鉴西德的中期财政计划，同时我还在想，能否将这种方式引入日本的财政预算编制。假如能够将二者结合起来，融合出一种新的财政预算编制体制，那就太棒了。

（说句题外话，在这之后又过了10年，我有幸在一次会议上与麦克纳马拉先生同席，我对他说："我一直很尊敬您。"）

就这样，大藏省主计局准备开始新的项目。

但是，这一年石油危机爆发了，整个日本都陷入了混乱。大藏省的预算编制研究已经进行了一大段时间后，大藏省又从积极财政政策走向抑制总需求的路线。不仅是中期财政计划和计划项目预算制，就连制订财政计划的构想也泡汤了。真是非常遗憾。

如果当时引入了能够控制社会保障支出增加的预算编制体制，那么之后日本财政情况可能就会大不相同。

直到现在，日本的财政预算仍无法摆脱单年度主义（每

○ 计划项目预算制，又称计划项目预算系统，是20世纪60年代诞生于美国的一种财政预算编制体制。除了美国，该系统还曾被英国和加拿大财政当局所采用，日本大藏省也于1970年代考虑引入该种体制。因其存在着一些难以克服的缺点，该系统现已逐渐被各国政府摒弃。——译者注

个会计年度都应该编制预算的看法)。虽然日本政府也公布了中长期经济财政估算,但并没有深入到每项预算的详细内容,而且对控制预算也没有起到什么作用。一想到越来越严重的老龄化问题,心情就不由地低沉下来。

长冈先生很关心预算编制事务是否合理,而且他想推进预算编制工作的计算机化。在编制预算的过程中,经常会出现"单价改变多少,预算金额就会改变多少"这样烦琐且重复的计算,当时是用算盘或手工计算器进行的。

当时我向长冈先生申请使用日经 NEEDS 数据库服务,在他的帮助下,很快就实现了。

终于完成作业了

我在主计局待了一年之后,向长冈先生提出想去大学继续深造。

换作其他上司,肯定会反对下属离开组织,因为这会让人觉得是上司做得不好。但是,长冈先生却完全没有犹豫,爽快地答应了我的申请。他还忠告我说:"上学是件好事。不过,之后的一年时间里,你可以作为主要审核人员来做预算审核工作,你觉得怎么样?这些经验也能开拓你的视野,对你今后的工作也会有很大的帮助。"

我没有听从长冈先生的建议,所以一直都心存遗憾。2015

年，我出版了拙著《战后日本经济史》(东洋经济新报社)。在给长冈先生寄送书的时候，我写道："能走到今天，多亏了长冈前辈的指导。"后来长冈先生回信道："并不是我的功劳，是你自己努力的成果。"看到这句话，我突然有一种"终于完成作业了"的心情。

长冈先生的朋友们

长冈先生的朋友中，有一位平冈先生，是和长冈先生一起进入大藏省的，两个人的交情很深。我也听长冈先生提到过几次平冈先生。

进入大藏省后，平冈先生被分配到银行管理局。据说，有一次平冈先生被安排为大藏省大臣写"救国储蓄运动"大会上发言致辞的初稿。结果，平冈先生写道："像我这样无聊的人，在笠置静子小姐这样有趣的人后面说无聊的话，真是有点不好意思……"据说当时大藏省银行管理局局长爱知揆一看到后大吃一惊。

这位平冈先生就是平冈公威，也就是后来的三岛由纪夫。据说长冈先生和三岛由纪夫先生之后也一直保持着交情。

我在大藏省理财局工作时，曾在仓库里查找过去的审批文件，无意间发现了一份写着"起草者：平冈公威"的文件。这么想来，我和三岛由纪夫也并非完全没有关系。

除了三岛由纪夫，长冈先生还有一位朋友，就是第 26 任日本银行行长，三重野康。他们两个人是旧制第一高等学校的同届校友。20 世纪 80 年代末，三重野康为应对泡沫经济做了很多调整政策，被称为"平成的鬼平"。据说长冈先生和三重野康一直都很尊敬彼此。

长冈先生还有一位交情甚好的朋友，就是前文中提到的竹内道雄。竹内道雄是我刚进入大藏省时的第一位上司。我当时在理财局的总务科工作，而竹内也在同一时间从比利时回国，来大藏省就任理财局地方资金科科长。

可能这个工作对他来说是小菜一碟，因为我总能看到他悠闲地把脚搭在桌子上睡午觉。那一情景我至今还记得很清楚。我从没见过像他那样聪明的人，总怀疑他是不是外星人。

竹内道雄喜欢恶作剧是出了名的，有很多逸闻，被他开过玩笑的人可谓不计其数。我也亲眼看见过其中的几个，也听秘书讲过几个。

他最大的"杰作"就是"骚扰电话事件"。有一次，他们一群大藏省的"损友们"出去喝酒，席间，他给同期的一位同事的家里打电话，说："你好，这里是麻布电话局，接下来要测试电话线，请敲打锅具，发出一些大的声音。"

没想到这位同事的夫人以为是真的，就按照指示开始敲锅。于是，深夜，从一位公务员的家里，发出了叮叮当当的敲锅声，电话这头的人们笑得前仰后合。紧接着，他又说："电话线里好像被灰尘堵住了，听不太清楚。接下来将为您清理电话线路，一会会有压缩空气从电话总台输送出来，为了避免灰尘飞散，请用抹布将听筒盖住。"

听说第二天一个损友去拜访这位同事的家，结果发现电话听筒确实被抹布盖着了。

结果，以上故事有一部分是人们编造的。关于这件事的具体情况，竹内道雄自己曾在日本经济新闻的"明天的话题"（1978年9月22日晚报）上写道："在敲完锅具后，我马上给他们夫妇打电话郑重道歉了。"看来，往电话线里输送压缩空气是别人编造的，但前面故事确实是真实的。

在旧制东京府立第一中学（现都立日比谷高中）时，竹内道雄是长冈先生的学长，是高年级学生，其间因为一些问题被停学了。复学的那天，在学校的晨会上，学生们在校园里列队，长冈先生作为班长站在队伍的最前面。竹内道雄迟到了，在走进自己班级队伍的时候，路过长冈先生面前时，对长冈先生说："小朋友，你还好吗？"

在东京帝国大学就读期间，竹内道雄进入了赛艇俱乐部，长冈先生也是名优秀的舵手。据说正是因为这个关系，长冈先生才被大藏省挖来。当然，即使没有这层关系，长冈先生也还是会进入大藏省，成为主计局局长，最终成为事务次官的。

| 第九章 |

日本未来应该做的事

日本面临的问题并不是"摆脱通货紧缩"

恶化的日本经济危机

20世纪90年代后日本经济开始衰退，这一变化从股价、企业销售额、国民工资、实际汇率等各种数据的变化就能看出来。

如图1-3所示，日本的实际GDP自20世纪90年代以来几乎没有增加。实际经济增长率也自90年代以来基本维持在2%左右或低于2%（见图2-1）。

此外，法人企业销售额也是一样的趋势（见图1-2）。20世纪80年代之前，企业销售额急速增长，进入90年代后却几乎陷入停滞。虽然2004～2007年和最近的几年略有增长，但这些时期都是日元贬值期。

企业的营业利润也呈下降趋势，导致股价也跟着下降了（见

图 1-1）。可见，只有在日元贬值，日元定价商品的销售额增加的情况下，日本企业的账面利润才会增加，否则就会停滞不前。

同样变化趋势的还有员工工资的变化（见图 9-1）。从图 9-1 可以看出，20 世纪 80 年代之前，员工工资一直在增加，但 80 年代之后就开始有所下降，只有 2004～2007 年的时候有所增长。

图 9-1 员工工资收入变化情况

注：涵盖全产业、所有规模。
资料来源：法人企业统计数据。

还有一个值得关注的就是汇率。从实际有效汇率指数来看，如图 1-5 所示，汇率指数在 20 世纪 90 年代中期达到 140 左右的峰值，之后就呈下降趋势。日本人在世界范围内的购买力明显下降。

经济衰退不是因为通货紧缩，而是因为没有适应变化

从 20 世纪 90 年代以后，日本的许多经济指标开始持续恶化。很多日本人开始担心"日本是不是正在走向衰退"。

那么，日本经济停滞的原因到底是什么呢？

经常有人说"是因为通货紧缩"。正如第一章所述，即便是到了 20 世纪 90 年代，依然还有很多人认为"地价和股价的下跌，导致银行出现大量的不良债权，于是金融系统瘫痪，日本经济才停滞不前"。然而，即便是现在，还有很多人坚信"日本经济衰退就是因为物价下跌，所以只要放宽货币政策，提高物价就能解决问题"，而且这种观点如今已经成了日本货币政策的基本方向。

但是，正如前面各章所讲的那样，日本经济的问题并非如此。

物价上涨率过低并不是真正的问题，日本的产业结构和经济体制未能适应时代的变化，才是日本经济停滞的根本原因。

尽管世界已经发生了巨大的变化，但日本却没有跟上脚步，没有采取相应的措施，所以才走向衰退。

日本面临的三大课题

既然日本经济萧条是结构性的问题，那么只有我们主动应对，通过改变自己才能解决。

平成时代结束后，日本的首要课题就是追回平成时代"失

去的三十年"。

弥补过去,并不是不可能的事。事实上,中国现在正在迅速弥补过去数百年被落下的差距。

未来的日本必须应对和解决的课题有以下三个。

第一,应对人口老龄化带来的问题,尤其是要解决劳动力不足以及社会保障支出的问题。

第二,要紧跟世界的变化,不断调整,尤其是要应对中国的快速发展。

第三,弥补改革的滞后,尤其是要改变商业模式,发展效率高的新产业。

必须解决劳动力不足的问题

年轻人减少,老年人增加

思考日本的未来,最重要的数据就是未来人口估算(见表9-1)。

表9-1 不同年龄段的人口变化　　　(单位:万人)

年份	15~64岁	65~69岁	70岁以上	15岁以上
2015	7 728	976	2 411	11 115
2020	7 406	824	2 795	11 025
2040	5 978	952	2 969	9 898
2060	4 793	374	3 166	8 333

资料来源:国立社会保障人口问题研究所。

从表 9-1 中，我们就能够看出日本社会的问题。可以说，这组数据反映了日本的未来。

第一，15～64 岁的人口减少。到 2040 年，该年龄段的人口将比 2015 年减少 1750 万人，减少率为 22.7%，且之后还会继续减少。

第二，老年人口的增加。到 2040 年，65 岁以上的人口将比 2015 年增加 530 万人，比例增加了 15.8%。虽然 65～69 岁的人口在 2040 年以后会减少，但 70 岁以上的人口却会继续增加。

到 2040 年，15～64 岁的人口约为 6000 万人，而 65 岁以上的人口约为 4000 万人。这将给劳动力和社会保障带来巨大的问题。

提高出生率并不能解决问题

很多人认为，为了解决这些问题，就必须要提高出生率。但是，如果出生人数真的增加的话，在今后相当长的一段时间内，非劳动年龄人口数（14 岁以下的儿童人口和 65 岁以上的老年人口的人口总和）就会增加，经济就会有很大压力。因此，提高出生率最晚也应该在 20 年前就开始实施。

从 20 世纪 80 年代开始，人口老龄化问题就开始被提及，但是，当时人们都认为那是很久之后的事情，并没有采取任何根本性对策。

不采取根本性的对策，这一点到现在也依然没有改变。

例如，对于未来不断增长的社会保障支出，提高消费税率本来就是一项必要的措施，然而日本政府虽然决定了要提高消费税，却延期了两次，而且至今依然遭到强烈的反对。

2019年8月，日本厚劳省公布了核查养老金制度可持续性的"财政验证"结果。日本政府也开始重新审视养老金制度，考虑做出一定调整，以适应人口结构的变化。

但是，关于社会保障支出的未来估算，日本政府并没有进行正式的讨论。

此外，放宽移民政策，大幅引进移民也是解决劳动力不足的重要措施，但是很多人仍持反对意见，认为过多移民会扰乱社会秩序。于是，日本政府采取了逐步引进移民的方案。关于移民问题，我们应该先讨论其根本原因，也就是劳动力减少的问题。

未来劳动力人口将减少近3000万人

老龄化引起的第一个问题就是劳动力人口的不足。如表9-2所示，老年人口的劳动参与率[一]低于15岁~64岁人口

[一] 劳动参与率，是经济活动人口（包括就业者和失业者）占劳动年龄人口的比率，是用来衡量人们参与经济活动状况的指标。——译者注

的劳动参与率。

首先,我们来看整体情况。

如表 9-1 所示,从 2015 年到 2040 年,15～64 岁的人口将减少 1750 万人。因此,假设这个年龄段的劳动参与率保持 76.1%(见表 9-2)不变,那么未来的劳动力人口将减少 1300 万人以上(见表 9-3)。

表 9-2 不同年龄段的人口、劳动力人口、劳动力参与率(男女合计,2015 年)

	15～64 岁	65～69 岁	70 岁以上	65 岁以上
人口(万人)	7 728	979	2 411	3 387
劳动力人口(万人)	5 878	413	334	746
劳动参与率(%)	76.1	42.8	13.9	22.0

资料来源:国立社会保障人口问题研究所,劳动力调查。

表 9-3 未来劳动力人口推算(不同年龄段人口的劳动参与率不变的情况下)

年份	15～64 岁	65～69 岁	70 岁以上	合计	与 2015 年相比	15 岁以上人口的劳动参与率(%)
2015	5 878	413	334	6 625		59.6
2020	5 633	352	388	6 373	−252	57.8
2040	4 547	388	412	5 347	−1 278	54.0
2060	3 645	245	440	4 330	−2 295	52.0

注:作者推算。

预计到 2060 年,15～64 岁的人口将减少 2900 万人,因此,劳动力人口将减少 2200 万人。这一问题相当棘手。

2015 年,日本制造业的就业人数约为 1000 万人。可见,未来劳动力人口的减少，对于日本经济的发展将是一个巨大的难题。

过去，"确保就业"是日本经济政策的一个重要目的，今后"确保人手"将成为更重要的课题。

也许有人会认为，因为人口整体在减少，所以即使劳动力人口的绝对值减少，也不会成为太大问题。但事实并非如此。

为什么这么说呢，因为劳动参与率也会下降（见表9-3）。

同时，社会对于劳动力的需求也在增加，尤其是在医疗护理领域，随着老年人口的增多，劳动力的需求只会越来越大。

因此，按照现在的情况发展下去，劳动力的供给将会越来越紧张，未来的日本将面临严重的劳动力短缺问题。

15～64岁人口的减少会直接导致劳动力的供给不足，同时医疗护理领域又需要更多的劳动力，因此，医疗护理领域的就业人数占总就业人数的比例很有可能会上升到25%左右（详细情况可参照拙著《2040困局：1500万劳动人口将消失》，钻石社，2015年）。这完全是一种失衡状态。

促进老年人就业

要想解决未来劳动力供求失衡的问题，首先应该考虑的措施就是提高老年人的劳动参与率。

如表 9-1 所示，2015 年，65 岁以上人口有近 3400 万人，到 2040 年，将上升至 4000 万人。

2015 年，65 岁以上人口的劳动参与率是 22%（见表 9-2）。如果能将这一年龄段人口的劳动参与率提高 10%，那么 2040 年的劳动力就能增加 400 万人。

为了更准确地阐述，我们使用表 9-1、表 9-2 的数值，将老年人劳动参与率的几个值进行假设，来进行模拟计算，可以得到一些结论。

（1）65 岁以上劳动参与率提高五成

首先，假设 65 岁以上人口的劳动参与率提高五成，65～69 岁人口的劳动参与率达到 64.1%，70 岁以上人口的劳动参与率达到 20.8%。

这样的话，比起劳动参与率不变的情况（见表 9-3），2040 年的劳动力人口将增加 400 万人，2060 年将增加约 298 万人。但是，即便如此，与 2015 年相比，2040 年的劳动力人口还是会减少 880 万人，2060 年将减少约 2000 万人。此外，整体的劳动力参与率也将在 2040 年和 2060 年分别降至 58.1% 和 56.1%，相比于现在的 59.6% 大幅下降。

（2）提高老年人的劳动参与率，使整体劳动参与率保持在 60%。

其次，为了让整体的劳动参与率保持在 60% 左右，就要考虑提高老年人的劳动参与率的情况。

假设 65～69 岁的人和现在的 15～64 岁的人一样工作，70 岁以上的人中，有 1/3 的人在工作。虽然在现实中实现这一目标相当困难，但如果仅通过促进老年人就业来提高整体劳动力，就需要这样的举措。

假设 65～69 岁的人口和现在的 15～64 岁的人口的劳动参与率一样，且 70 岁以上的人有 1/3 在工作，那么老年劳动力人口将在 2040 年增加 900 万左右，2060 年增加 600 多万㊀。因此，劳动力不足的问题将在很大程度上得到缓解。

但是，即便如此，到了 2060 年，劳动力人口还将比 2015 年减少 1600 万人以上㊁，这是无法避免的。

㊀ 该组数值的计算过程为：根据表 9-1 中的数据，2040 年的 65～69 岁的人口是 952 万，70 岁以上的人口是 2969 万。假如 65～69 岁的劳动参与率和 15～64 岁的人口的劳动参与率（76.1%）一样，且 70 岁以上的人有 1/3 在工作，那么就可以计算出 2040 年的老年劳动人口，为 952 万 ×76.1%+2969 万 ×1/3≈1704 万。相比于之前的 800 万的老年劳动人口，提高老年人的劳动参与率后，劳动人口增加了 1704 万 –800 万≈900 万。同理，根据表 9-1 中的数据，2060 年的 65～69 岁的人口是 374 万，70 岁以上的人口是 3166 万。假如 65～69 岁的劳动参与率和 15～64 岁的人口的劳动参与率（76.1%）一样，且 70 岁以上的人有 1/3 在工作，那么就可以计算出 2060 年的老年劳动人口，为 374 万 ×76.1%+3166 万 ×1/3≈1329 万。相比于之前的 685 万的老年劳动人口，提高老年人的劳动参与率后，劳动人口增加了 1329 万 –685 万≈644 万。——译者注

㊁ 该组数值的计算过程为：根据表 9-3 中的数据，老年人的劳动参与率未提高之前，2060 年比 2015 年的劳动力人口减少 2295 万。提高老年人的劳动参与率后，2060 年的老年劳动人口增加了 644 万，则可以算出 2060 年的劳动力人口减少了多少，为 2295 万 –644 万 =1650 万。——译者注

如果提高女性劳动参与率，劳动力将增加 1000 万人

除了促进老年人就业，提高女性的劳动参与率也能帮助解决劳动力不足的问题。

从 2016 年不同国家 15 岁以上女性的劳动参与率来看，美国为 56.8%，瑞典为 69.7%、德国为 55.6%，而日本只有 50.3%，比这些欧美国家都低。

假设将 15 岁以上女性的劳动参与率提高到 70%，那么 15 岁以上的女性劳动力人口就能增加 800 万～1000 万人（2016 年，日本 15 岁以上的女性人口约有 4000 万～5000 万人）。

但是按照正常人口估算数据来计算的话，15 岁以上女性的劳动参与率保持现状，也就是说一直停留在 50.3%，那么，2040 年和 2060 年，女性劳动力人口将分别下降 975 万人和 821 万人。

如果 15 岁以上的女性劳动力能够大幅增加的话，那么整体的劳动参与率也会上升，2040 年将达到 63.9%，2060 年将达到 61.8%。这样一来，整体的劳动参与率就不会下降了。

但是，要想提高生育期女性的劳动参与率，必须有完善的育儿支援等政策。这绝非易事。

在人才方面需要开放

从上文的各种假设我们能够看出，要想解决劳动力不足的

问题，单单依靠提高老年人和女性的劳动参与率是远远不够的，还必须考虑其他方案。

第一，通过引入新技术（特别是人工智能），发展新的产业，提高整个经济的生产效率。

第二，接收外国务工人员。

关于第一种方案，我们将在本章最后进行详细讨论。这里我们先来思考第二种方案。

首先，我们来看一下外国人口流入量的具体情况。根据经济合作与发展组织（OECD）关于按国家或地区划分的外国人口年度流入量的统计，2016年日本流入的外国人约有43万人，在世界排名第四（见表9-4）。

2015年的时候是30万人，当时已经超过韩国，位居世界第四。一时间引起社会的广泛讨论，人人纷纷讨论"日本也迎来了移民大国时代"。2016年比2015年还要多。

从外国人口占总人口的比例来看，日本为0.3%，与法国、意大利、美国等国家差不多（德国为2.1%、英国为0.7%、加拿大为0.8%、澳大利亚0.9%、韩国为0.8%，日本与这些国家相比相差甚远。）。

但是，表9-4里的流入人口是指"持有有效签证，在留期限为90天以上的外国人"。需要注意的是，这是一个相当宽泛的定义。

表 9-4　外国人口年度流入量的国际比较（2016 年）

国家	人口（百万人）	外国人口流入量（人）	占总人口比例（%）
澳大利亚	23.614	218 488	0.925
加拿大	35.497	296 345	0.835
法国	63.982	240 888	0.376
德国	81.198	1 720 190	2.119
意大利	60.783	262 929	0.433
日本	127.12	427 585	0.336
韩国	50.424	402 203	0.798
英国	64.597	454 000	0.703
美国	319.13	1 183 505	0.371

注：人口数是 2014 年的数据。

资料来源：OECD 国际移民数据库。

也就是说，外国人口年度流入量虽然在增加，但都是临时的劳务人员。

日本政府为了扩大外国务工人员的接收范围，于 2018 年修改了出入境管理相关的法律法规。据说这是针对外国务工人员相关政策的重大转变。但是，这些改变考虑的也是临时劳务人员。

因此，学者们纷纷指出，现在的制度依然存在很多问题。据报道，由于低廉的工资、恶劣的工作环境、高额的介绍费等原因，越来越多的技能实习生正在失踪。

此外，还有人认为，这样做只会帮助僵尸企业，非法就业的外国务工人员会越来越多。

日本对外国务工人员要求"5 年内不能回家，不能带家人一起过来"，这种"外出打工"的制度是不可能长久的。

还有一些外国人这样评论日本:"在务工方面,日本已经不再是一个有吸引力的国家了。"还有人说:"护理工作即使在本国也很辛苦,在外国只会更辛苦。"

必须直面移民问题

要想改变上述情况,就不能像现在这样只依赖短期滞留者,必须大幅增加移民数量。如前所述,要想日本整体的劳动参与率不下降,起码要有数百万规模的外国劳动者。也就是说,至少需要现在10倍的外国劳动者。

但是,日本政府对此的态度却很消极。2019年日本政府颁布了两项新的在留资格,分别为特定技能1号和特定技能2号,想要以此来增加外国劳动力。但是,在本国劳动力如此短缺的情况下,依然拒绝移民,显然是十分不现实的。日本政府必须从根本上改变思想。

那么,接收外国务工人员的现状如何呢?

根据OECD的统计数据,世界各国"永久移民的流入情况"如表9-5所示。

表9-5 世界各国永久移民的流入量与人口比

国家	永久移民A(人)	人口B(百万人)	永久移民占比A/B(%)	国家	永久移民A(人)	人口B(百万人)	永久移民占比A/B(%)
澳大利亚	253 492	23.61	1.07	日本	57 317	127.12	0.05
奥地利	65 022	8.54	0.76	韩国	66 688	50.42	0.13

（续）

国家	永久移民 A（人）	人口 B（百万人）	永久移民占比 A/B（%）	国家	永久移民 A（人）	人口 B（百万人）	永久移民占比 A/B（%）
比利时	60 303	11.20	0.54	荷兰	105 471	16.87	0.63
加拿大	258 619	35.50	0.73	挪威	60 313	5.16	1.17
丹麦	52 376	5.63	0.93	西班牙	195 288	46.46	0.42
芬兰	23 873	5.45	0.44	瑞典	86 662	9.75	0.89
法国	259 833	63.98	0.41	瑞士	136 219	8.14	1.67
德国	468 823	81.20	0.58	英国	290 956	64.60	0.45
爱尔兰	40 200	4.61	0.87	美国	989 910	319.13	0.31
意大利	245 820	60.78	0.40				

注：人口数采用 2014 年的数据。
资料来源：OECD 国际移民数据库。

从表中可以看到，2013 年日本的永久移民人数约为 5.7 万人，仅占总人口的 0.05%，远低于韩国的 0.13%。

而美国约有 100 万人，占总人口的 0.31%。在欧洲各国，这一比例在 0.5%～1% 左右。英国为 0.45%，德国为 0.58%，瑞士为 1.67%。

相比于表 9-4 所示的外国人口流入量，日本的永久移民流入人口减少到了 1/10。而欧洲各国的情况并没有太大的不同。可见，日本的永久移民是如此之少。

这说明，日本只是雇用外国人作为临时务工人员，而不承认他们是日本社会的一员。在永久居民的接收方面，日本完全与世界标准隔绝，可以说是完全拒绝接收。

但是，仅仅指出日本"不愿意接收移民"，并不能回答一切问题。日本还必须承认移民，允许移民融入日本社会，授予他们选举权，提供社会保障服务等。这是世界性的常识。在人才方面，日本必须打开国门。

随着外国劳动者的增加，政府就不得不逐渐接收移民，这样一来，就有可能从出现各种各样的摩擦，这才是更大的问题。

如果想维持日本社会的良好秩序，就需要让移民也遵守日本社会的规范。因此，政府就必须必须为此考虑各种各样的应对措施和制度。对于可能出现的混乱，尽早做到周密的准备，才能防患于未然。因为接收移民是改变社会结构的重要问题，政府必须进行充分的讨论和准备。

如何应对社会保障支出的增加

社会保障支出正在不断增加

上述内容是人口老龄化给劳动力供求关系带来的问题。此外，人口老龄化还会引发另一个问题，那就是社会保障支出的增加。

社会保障财源主要来源于现在在职的这代人，但我们也看到了，这代人的人口总数正在减少。因此，如果不重新考虑养老金的发放问题，只是一味地提高社会保险费和税率，就会给劳动年龄人口带来很大的负担。下面，我们来仔细分析这一问题。

随着老年人口的增加，社会保障相关费用也在逐年增加。从社会保障支出占 GDP 的比例来看，2005 年为 4.0%，2010 年上升至 5.7%，到了 2015 年，上升至 6.2%。

今后会怎样呢？

我们已经看到，65 岁以上的人口今后还会继续增加。因此，即使社会保障制度维持现状，社会保障支出占 GDP 的比重也会逐年上升。

所以，现在的社会保障制度随时都有崩溃的危险。即使不会崩溃，也会给财政造成很大负担。

日本并没有认真考虑增加社会保障的负担

为了方便理解，我们假设社会保险费的领取者是 65 岁以上的老年人口，社会保险费的负担者是 15～64 岁的人口（实际上，65 岁以上的人也通过税收负担等承担着一部分费用，此处为方便理解，暂时这样考虑）。

这样来算的话，从 2015 年到 2040 年，社会保障支出将增加 15.8%，而负担者将减少 22.7%。按照这个情况，2040 年的社会保险费率和税率应该是 2015 年的 1.5 倍，这样才能保证收支平衡。

那么，在日本政府对未来的估算中，是否考虑到上述情况了呢？

对于养老金制度，日本政府实施了"财政验证"⊖，对于整个财政状况，政府又做了"中长期经济财政估算"。然而，无论是财政验证，还是中长期经济财政估算，关于消费税都只是提到要上调至10%，并没有进一步上调的想法。

从财政验证来看，厚生年金的保险缴费率虽然从2015年的17.828%提高到2040年的18.300%，但之后并没有再提高的意思。在日本的财政支出中，有多少是由国库负担的，这一点我们也不清楚，但没有人指出会产生特别大的问题。

基于非现实假设的乐观预测

财政验证之所以能得出上述结论，主要是因为日本政府基于以下两个假设。

第一，日本政府是按照"宏观经济滑坡"（macroeconomic slide）的政策，假设养老金每年会减少0.9%。这样一来，养老金替代率（指劳动者退休时的养老金领取水平与退休前工资收入水平之间的比率）将从2015年的62.0%下降到2020年的52.5%。

第二，日本政府认为退休时应该领取的养老金名义额不会跟着之后实际工资的上升而浮动，所以当实际工资增长率

⊖ 财政验证，每5年进行一次，以最新的人口未来估算为基础，以现在的养老金财政制度为前提，验证未来的养老金财政情况。——译者注

不断上升,随着时间的推移,养老金的实际价值就会下降(同时,如果实际工资增长,保险费和税收也会增加,那么国家的财政状况就会好转)。

但是,这些假设只有在实际工资确实增长的情况下才有可能实现(在财政验证的第一种假设中,日本政府假设实际工资的年增长率为2.3%,可以说相当高了。在财政验证的其他项目中也假设了很高的工资年增长率。即使在整体经济呈现负增长的情况下,实际工资依然会正增长,这是日本政府的一种不现实的假设。)

不过,在养老金削减的情况下,"宏观经济滑坡"政策是不会实行的。实际上,财政验证所假设的高实际工资增长率是不可能实现的,所以"宏观经济滑坡"政策,也不可能实行。

实际工资不增长,养老金的实际价值也不会下降。这样一来,"宏观经济滑坡"政策和养老金实际金额的调整都无法实现。所以实际上养老金额度肯定会增加,政府很有可能需要削减养老金领取额和提高负担率。

医疗费用方面,自我负担率很难再往上提高了。另外,随着高额医疗费补贴制度的发展,医疗费用支出也会进一步增加,从而导致国库负担加重。

综上所述,今后日本很有可能需要继续提高消费税率至10%以上。假设需要根据养老金领取人数和养老金负担人数的变化进行上调，那么，到 2040 年，消费税率就需要提高 1.5 倍，也就提高到 15%，而且之后还需要继续上调。

社会保障的财源不仅仅是消费税

当然，社会保障的财源不仅仅是消费税。从公平的角度来说，还应该考虑提高个人所得税以及遗产继承税。

此外，还有除了税之外的其他方法。首先就是增加社会保障费用中的个人负担比例。但是，实际上因为国民对此比较抗拒，政治上的阻力较大，所以只能"从能取的地方取"。

关于个人负担，有一个问题是，政府往往因老年人的高福利而增加其个人负担比例。这样一来，不仅有失公允，也降低了老年人的就业意愿。因此政府应该着眼于将"资产"作为个人负担比例的考量因素。

可以考虑将加强资产征税与增加个人负担相结合。为此，税务局首先需要准确掌握国民持有的金融资产情况。另外，政府还可以采取类似"以房养老"⊖的机制，让老年人在保留房产的情况下，能将房产抵押从而获得现金。

此外，接收外国劳动者和移民，也有助于社会保障财政的好转。政府可以向达到劳动年龄的外国劳动者和移民征收税

⊖ 以房养老，英文为 reverse mortgage，又名逆按揭、安老按揭、倒抵押，是按揭（抵押贷款）的一种。借款人在世时可每月获取一笔款项，死亡后贷款人会收回物业放售，借此取回本金和利息。——译者注

金和社会保障费用。

我们已经看到，日本的外国劳动者也在增加。因此，政府有必要将这些外国劳动者正式认定为移民，并纳入日本的社会保障体系中。

要想推进以上这些措施，就需要改变日本的社会结构，因为这些问题仅仅在社会保障的框架内是无法解决的。

此外，不是单纯依靠增加个人负担、降低养老金发放额来解决问题，政府还必须考虑提高系统的效率。

例如，通过引入人工智能来实现医疗自动化等。另外，日本的医院在事务性信息处理方面明显落后，如果引进相关IT技术，办事效率一定会大幅提高。

人们要求明确负担结构

如何为日益增加的社会保障支出筹措财源，是一项重要的政策课题，也是所有国民关心的课题。

"尽可能避免伴随痛苦的改革"是自古以来的共识，并不是现在才开始的。

在日本的选举中，取得议席是最优先的课题。本来，执政是为了实现政策，然而在日本执政才是目标，政策只是必要的装饰。

然而，国民的意识正在发生变化。

之前，只要国家不明确公布国民承担的负担，并不断提出新的政策，国民就不会发现，也就不会有异议。但是现在，国民已经普遍意识到了"没有一项改革是不伴随着疼痛的"。

不仅仅是对新政策，对于现行的社会保障制度能否继续维持，国民都抱有强烈的不安感。现在在职一代的人们还甚至在讨论，在自己老了以后，养老金领取年龄有可能提高到 70 岁。

同时，他们也在担心，如今的职场很难允许人一直工作到 70 岁。老年人对于自己将来能否享受到充分的医疗和护理服务，也抱有强烈的不安感。

于是，越来越多的人想要明确，如果要维持现在的结构，自己到底需要负担多少。因此，类似"现在的结构造成了很多浪费，只要重新调整就能找到财源"，或者"即使推迟财政重建，日本也不会出现问题的"，等等，这些说辞如今已经行不通了。对于社会保障财源问题，国民希望政府能够给出明确的选择。在如今这个时代，国民不会容忍政治家不负责任。

尽管如此，日本政府却没有回应国民的这一要求。

如何应对世界经济结构的变化

巨变的中国

正如第二章所述，世界正在发生巨大的变化，尤其是中国。

如今，中国的 GDP 已经超过日本，成为世界第二大经济大国，而且中国已经成为日本最大的贸易对象国。

因此，中国对今后日本经济的发展有着极其重要的影响。一提到"中国制造"，日本人就会想起一百日元店（相当于中国的 5 元店）里摆放的杂货商品，认为中国制造的商品都是一些质量不好的廉价品。此外，当时中国国民的工资虽然在不断上涨，但与发达国家相比还有很大的差距。

然而，这些都是 20 年前的中国印象，如今的中国正在迅速发展，中国和日本的收入差距也在迅速缩小。

在 IT 领域突飞猛进

众所周知，中国 IT 产业的三大支柱企业是百度（Baidu）、阿里巴巴（Alibaba）、腾讯（Tencent），简称"BAT"。百度专注于信息搜索和人工智能领域，阿里巴巴专注于电子商务领域，腾讯专注于社交网络服务领域。

最近几年，中国不断出现新的服务企业，这些新型服务迅速渗透到国民的生活中，同时也在改变着整个社会。例如，由阿里巴巴开发的第三方支付服务平台支付宝，如今在中国已经普及。

另外，在使用大数据这方面，BAT 也处于有利地位。大数据对于人工智能的发展是不可或缺的。在不久的将来，很有可能利用人工智能就可以实现汽车的自动驾驶。从这个意义上来说，大数据的意义可谓十分重要。

中国的基础研究能力正在快速提高

除了IT领域的发展，中国在基础研究能力方面也在快速进步，而且还出现了中日逆转的现象。

从中日两国的论文数量变化就可以看出这一点。20世纪90年代，日本的论文数一直以较高的增长率持续增长。但是，进入21世纪以后，日本论文数的增长率有所下降，而且已经远低于世界平均水平，但此时中国的论文数却在大幅增长。

根据美国国家科学基金会在2018年1月发布的报告，在2016年论文发表数量的世界排名中，中国排名第一（美国排名第二，日本排名第六）。从1995年到2005年，美国的论文数量居世界第一，日本紧随其后。如今，日本的论文数量却一直在减少，中日之间的差距也会越来越大。

此外，在高等教育方面，中国已经达到了很高的水平。

2018年9月26日，英国教育刊物《泰晤士高等教育》(*Times Higher Education*)公布了2019年的"世界大学排名"，中国清华大学在所有亚洲大学当中排名第1位，世界排名第22位，日本的东京大学世界排名第42位。在前100名大学中，日本有2所大学（东京大学和排第65位的京都大学），中国有

3 所大学。在前 200 名大学中，日本有 2 所，中国有 7 所。

根据《美国新闻与世界报道》（U.S.News & World Report，简称 US News）公布的计算机科学研究生院世界排名，中国的清华大学位居第一。日本的东京大学在计算机科学领域中位居日本第 1 位，但世界排名是第 91 位。

20 世纪 80 年代，我在一桥大学任教的时候，研究所里有一位来自中国的研修生。他是在 70 年代上的学，基本学习能力比较欠缺，让我比较头疼。

但是，到了 2004 年的时候，在我作为客座教授到斯坦福大学任教期间，班里来了一位才华横溢的中国学生，他们那代人正好出生于 80 年代，所以被称为"80 后"（本书第四章中有详细介绍）。这位留学生超强的学习能力常令我惊叹不已。可以说，就是这些人现在担负着发展中国的重任。

2040 年，中国将成为世界第一经济大国

展望未来，可以预见世界格局会有更大的变化。

根据国际货币基金组织（IMF）的预测，2017～2023 年世界各国名义 GDP 平均增长率，中国为 9.83%，日本为 2.72%，美国为 3.86%。

如果按照这一增长率计算，可以推测到 2040 年的变化，如图 9-2 所示。

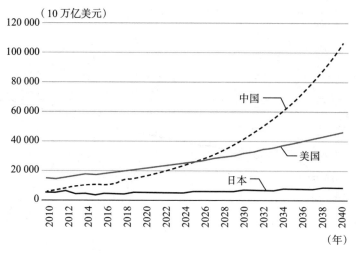

图 9-2 中、日、美名义 GDP

资料来源：作者根据 IMF 的数据自己计算得出。

从图中我们可以看出，2010 年，中国的名义 GDP 和日本差不多，但之后逐渐超过了日本，到了 2018 年几乎是日本的 2.7 倍左右，到 2040 年，将是日本的 11 倍。同样，2010 年中国的名义 GDP 只占美国的 4 成，到 2026 年将超过美国，到 2040 年将是美国的 2.3 倍。

那么人均 GDP 情况又如何呢？根据 IMF 的预测，2017～2023 年各国人均 GDP 平均增长率，中国为 9.40%，日本为 3.05%，美国为 3.21%。

如果按照这一增长率计算，可以推测到 2040 年的变化，如图 9-3 所示。

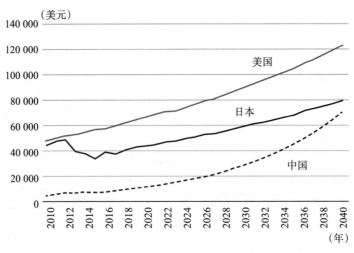

图 9-3 中、日、美人均 GDP

资料来源：作者根据 IMF 的数据自己计算得出。

从图中我们可以看出，中国的人均 GDP 在 2010 年只有日本的 1/10 左右，到 2018 年，将上升至日本的 1/4 左右，到了 2030 年，将上升至日本的一半左右，之后，中日之间的差距不断缩小，到 2040 年将达到日本的 87%。但是，与美国相比，到了 2040 年，中国的人均 GDP 也只有美国的一半的水平，而日本也基本上只能达到的 65% 左右。

也就是说，中国与日本的人均 GDP 几乎相同，但中国的 GDP 是日本的 10 倍，这样一个经济大国就在日本的旁边，可以说这是一个已经超出了我们认知的世界。

新兴产业的出现才是解决问题的关键

世界正在发生着变化

如前所述，日本经济的问题在于日本在信息技术方面很弱。这一点从引领经济的企业就能看出来。

在美国企业的市值排行榜中，前5名都是IT相关的企业（由于Facebook的市值减少，排名略有变化）。

其中的四个企业被统称为GAFA，即谷歌（Google）、亚马逊（Amazon）、Facebook和苹果（Apple），有时也有加上中国的阿里巴巴（Alibaba），统称为GAFAA。

这些企业基于新的信息技术，开发出新的商业模式，已经超越了传统企业，并且颠覆了整个产业环境。

苹果公司虽然属于制造业企业，但其通过开发iPhone这一新产品，采用水平分工的新生产方式，开辟了制造业的新商业模式。

谷歌的运营基本上都是依靠广告收入，所以从这个意义上来说，谷歌属于广告业企业，但其通过"检索联动型广告"这一新的广告方式，开创了与传统广告公司完全不同的商业模式。Facebook也是属于新型的广告业企业，其通过社交网络服务（SNS）这种新的方式收集个人信息，并以此为基础发布广告。亚马逊虽然属于流通业企业，但也是网络商店，与传统流通业的业务是完全不同的。

这些企业在 20 年前基本上都还没出现,或者即使出现了也还是小企业。它们因为有着与传统企业不同的企业文化,所以它们引领创新,开辟了新的发展模式。它们都是 IT 革命的胜利者。在过去的二三十年里,美国经济的增长就是依靠这些企业。

必须要有新的产业

日本经济的不景气,并不是经济循环发展的产物,因此,依靠货币政策是没有用的。实际上,从 1999 年的零利率政策,到 2001 年开始的量化宽松政策,再到 2013 年开始的异次元宽松货币政策,尽管日本央行一直在实施宽松的货币政策,但日本经济仍持续低迷。

要想摆脱这种困境,日本就必须改变企业的商业模式。

在制造业领域,应该把精力集中在产品的企划和销售上,将生产交由新兴国家,进而从根本上改变日本的产业结构,实现"脱工业化"。

除了制造业的改革,还要有像美国 GAFA 那种生产效率更高的新兴产业和企业出现。如果没有这种企业,那么国民的工资就不会涨,经济也就不会恢复。

GAFA 是世界上为数不多的拥有丰富大数据的企业。因为人工智能是基于大数据的技术，所以只有能够获取大数据的企业，才能利用这些数据开启未来。

选择适应世界趋势，将产业结构转变为以信息产业为核心，还是执着于制造业，决定着发达国家的命运。美国、英国、爱尔兰等国家已经成功转型，而日本和欧洲的其他国家则依然执着于传统制造业。

阻止改革的力量

但是，转型就必然伴随着巨大的阻力。因为有一部分力量想要想方设法维持现有商业模式和产业结构，所以经济结构一直无法改变。

这正是导致日本经济停滞二十多年的根本原因。日本现在必须要摆脱这种想法。

经济结构的改革不仅极其困难，而且成效很慢，即便进行了改革，也无法对眼前的形势产生立竿见影的效果。因此，日本政府一贯的作风就是"优先解决眼前的紧急问题"，一直依赖日元贬值政策来刺激经济。

现在日本经济的低迷就是因为这种"权宜之计"。我们现在必须要正视日本经济的现状，不是只想着改变眼前的状况，而是应该思考经济结构的改革。很多政府人员认为"通过宽松货币政策和日元贬值来刺激经济就可以"，只要这种想法一直存在，日本就不会有未来。

如果不出现新的产业，那么，无论采取什么措施都无法促进经济增长。

许多发达国家正在依靠高度发达的服务业快速向前发展，而日本却早已落在后面。日本政府应该彻底放弃振兴制造业的经济增长战略，取而代之的应该是提高服务业的生产效率。

日本的制造业应该将生产部门单独分出来，委托给新兴国家的企业去做，自己专门进行产品开发、设计等核心领域。在全球水平分工的大环境中，加快推动"制造业的服务产业化"。

要摆脱对政府的依赖

经济实现增长是要靠企业自身的努力，而不是政府的计划。

如果政府对某个特定的产业或研究领域作为"增长战略领域"进行帮助和补贴，就会扭曲资源的分配。政府的判断也不一定正确，甚至很多时候都是错误的，反而会阻碍经济的增长。

要知道，新的产业是在市场竞争中诞生的。经过各种各样的考验，最终存活下来的产业才能成为日本经济的主导产业。

政府不应该干预产业结构调整的过程。政府应该做的是放宽限制，让市场发挥自身作用。

当然，这并不是说政府最好什么都不做。政府应该做的是为经济增长准备好一切基础性条件。

其中，尤其重要的就是人才（高级专家）的培养。遗憾的是，日本在这一方面却毫无作为。

此外，日本的大学也没有培养出适应新技术的人才。日本大学里的工学部培养的依然是老式的工程师。因此，日本大学教育的结构改革也是当务之急。

日本没有一家独角兽企业

一直以来都是GAFA这类企业引领着世界技术的革新。但是，这类企业已经发展成了一个巨大的组织，它们支配着行业市场。今后这类企业是否还能继续带来技术革新，还是个疑问。事实上，世界正在从GAFA时代走向独角兽企业时代。

所谓"独角兽企业"，是指成立时间不超过10年、估值超过10亿美元的未上市创业公司（独角兽是神话传说中的一种虚构动物，独角兽企业用来说那些起初"不可能发展起来的企业"）。

虽然独角兽企业大多都是美国的企业，但最近中国也不断出现运用IT技术提供全新服务的高科技企业。

根据《财富》杂志发布的全球独角兽企业名单，按国家分类，美国有100家，中国有36家，印度有7家，英国有7

家,德国有 5 家,新加坡有 3 家,韩国有 2 家,法国有 1 家。

仔细研究这些企业所属的领域,就能看出今后的技术革新会发生在哪些领域。《华尔街日报》在这些企业中抽取了 149 家企业,从这些企业的领域来看,软件、面向消费者的互联网、电子商务、金融、健康护理这几个领域占全体的 83%。也就是说,独角兽企业带来的技术革新与 GAFA 带来的技术革新,其领域和方向几乎是相同的。

也就是说,在未来越来越重要的产业领域里,日本是最薄弱的。

日本的各种限制阻碍了新兴技术的发展

独角兽企业没有在日本诞生的一个重要原因,就是日本没有放宽限制。优步(Uber)之所以能够发展壮大,就是因为"白色出租车"⊖在美国是可以正常运营的。只要在优步的网站上进行实名注册,普通司机也能载客运营。由此,这种独角兽企业颠覆了传统的出行方式。

但是,在日本,"白色出租车"是违法的,因此优步这类新兴服务业无法发展。

⊖ "白色出租车"是指挂着白色车牌的个人驾驶的出租车。通常的出租车都是得到国家的营业许可,挂着绿色的车牌号,但是在日本,由个人运营的出租车是挂着白色的车牌号,所以被称为"白色出租车",在日本这种车辆违反日本道路运输法。——译者注

同样，爱彼迎这类民宿服务在其他国家都有着不错的发展，在日本却几乎没有什么发展。因为在日本，很多民宿都是违反《旅馆业法》的。近年来政府虽然也在逐渐放宽限制，但还远远不够。

如果想要将新兴的金融科技企业引入日本，壁垒就更高了。因为在日本，银行是一个极其强大的产业，所以这类金融创业公司的发展也不会很顺利。

日本经济要想摆脱现状，最重要的任务就是不断进行技术开发。但是，日本几乎没有这类新型的高科技企业，这就足以证明日本并不擅长新型技术，也就是信息相关技术的开发。

要想实现经济增长，日本政府最应该做的就是放宽限制。

在日本政府提出的增长战略中，"放宽限制"就像口头禅一样多次被提及。但是，所谓的"放宽限制"大多都是表面上的一些措施，并没有真正触碰到既得利益者的利益。

日本经济无法弥补过去的落后，就是因为既得利益集团在拖后腿。要想改变社会结构，就要缩小既得利益集团的影响力，这一点非常重要。

此外，国民也必须认识到，改变社会就需要新的服务和新的产业领袖。否则，日本的各种限制无论过多久都不会改变。如果这些变化真的能够实现，日本经济就有可能发生巨大的变化。

日本人应该更多地"走出去"

在我们这一代人当中，很多人都去海外留过学，但现在这一代年轻人好像并没有多高的留学热情。我认为，日本的年轻人更应该考虑去海外留学。虽然留学生的数量没有减少，但是世界一流大学中的日本学生明显减少了（这一问题在第四章中做过阐述）。我们应该改变这种现状。

此外，日本人还应该考虑多去海外看看，甚至在海外工作。

韩国走出了前联合国秘书长潘基文、世界银行前行长金墉等如今依然活跃在国际社会上的名人。在这一点上，相比于韩国，日本人就逊色多了。

在日本，想去海外工作的年轻人似乎非常少。提到就业，年轻人们从一开始就只考虑在国内就业，几乎没有想过去海外。

当然也不是完全不考虑去海外工作，但是他们更乐意的方式是，在日本的公司就职，然后成为驻外员工。这样一来，公司就会承担其出国和居住等相关费用和手续，签证的办理也由公司负责，自己就可以安全地在海外工作了。总而言之，他们就是不想去海外的当地企业就职。

也就是说，进入公司这个"安全舱"，然后在其庇护下去海外工作，这种方法更适合日本人。想让他们独自一人在陌生的地方工作是不可能的。

中国的情况大不相同。在中国有一个知识分享平台，叫"知乎"。在这个网站上能够看到很多类似于"我想去国外留学工作，该怎么办？"的问题。其中很多人都想从事IT相关行业。

一条提问下面就会有很多详细的回答，给提问者提供了很多信息和技巧。可见，中国的年轻人对于去海外工作是非常积极的，他们会把去海外工作当作自己职业生涯中的宝贵经验。

可见，中国的年轻人比日本的年轻人更有国际化视野，而且一直以来都是这样。很多中国人去美国留学后，获得了H-1B签证（美国签发给在该国从事专业技术类工作的人士的签证，属于非移民签证，是美国最主要的工作签证类别），然后留在美国工作，他们对IT革命有着很大的贡献。

当这些人回到中国，又促进了中国IT产业的发展。当然，中国政府也能够接受并很好地利用这些人才，这一点也很重要。

因此，只有张开怀抱的国家，其经济才会有活力。本章前文论述了日本接受移民的必要性。要在人才方面做到开放，不仅仅是说要接纳外国人，还要鼓励本国国民到国外发展，当这些人回国后，政府还要充分利用好这些人才。

不知道今后的日本能不能实现这些。

要相信"贝叶斯方法"

根据厚生劳动省发布的《平成 29 年简易生命表》,日本男性的平均寿命是 81.09 岁。

看到这个数字,我感慨自己已经没有多少时间了,但仔细阅读了这个定义的说明,才发现并非如此。

所谓平均寿命,也叫平均预期寿命,是指同一时期出生的人预期能继续生存的平均年数。

某一年龄层的人将来能活多久,用的是不同年龄层的"平均剩余寿命"这个数字来表示。对于 78 岁的人来说,平均剩余寿命大约是 10 年。也就是说,马上就要 78 岁的我,平均可以活到 88 岁。

如果能活到 88 岁,88 岁的平均剩余寿命约为 5 年,也就是还能再活 5 年。平均剩余寿命即使超过 100 岁也不会变成 0。

以活到某个年龄为前提,可以期待比平均预期寿命长得多的时间。

这与概率论中的"贝叶斯方法"是相同的思路。根据贝叶斯方法,在没有任何信息的情况下,对某一事件的概率判断可以用"先验概率"来表示。但是,随着事态的发展,我们会得到各种各样的信息,从而修正概率判断,此时修正后的概率被称为"后验概率"。

前面提到的"平均寿命"就相当于先验概率,"平均剩余寿命"就相当于后验概率。

20世纪60年代末,我去美国留学,第一次听说"贝叶斯方法",此后我便坚信这才是正确的概率思考方法。

因此,关于寿命,我们应该相信"贝叶斯方法"。

如果是这样的话,平成时代之后的一段时间里,我依然还在世。当然,只是活着但什么也不做是没有意义的,还要保持健康的身体,有要去完成的任务,这样活着才更有意义。

正如本章前半部分所述,在平成之后的时代,也就是令和时代,日本有很多问题需要去解决。或许这对于我而言也是一种幸运,但愿我能在其中发挥一些作用。

陀思妥耶夫斯基在其小说《罪与罚》的结尾,用下面这段话作为小说的结语。在告别"平成"迎来"令和"之际,我也想起了这句话。

"不过,一个新的故事已经开始。……这是从一个世界进入到另一个世界的故事,是他逐渐熟悉迄今为止还不知道的、新的现实的故事。这个故事可以作为一部新的小说题材,可是我们现在的这部小说到此结束了。"

附录

平成大事年表

让我们用这个年表写一份自己的历史。

书写自己的历史是一件很有趣的事情。

首先请在"个人历史记录栏"里填上自己在每个阶段的年龄、学年（或职场情况）以及当时陪伴在身边的家人有哪些人。

然后，看着自己填写的年龄、职场等情况，再对照"日本及世界动态"，回想一下自己在当时正在做什么，然后在"自己经历的事"的一栏中记录下来。

通过和一些较大的新闻事件建立起联系，自己当时的一些记忆就能够被唤起。

附录 平成大事年表

公历年	平成年份	月/日	日本及世界动态	年龄	学年（工龄）	陪在身边的家人	自己经历的事
1989年	平成元年	1/7	日本天皇驾崩，皇太子即位				
		1/20	乔治·布什（老布什）就任美国总统				
		4/1	日本开始征收消费税（3%）				
		6/3	宇野宗佑内阁成立				
		6/4	波兰举行第一次民主选举，"团结工会"获得胜利				
		8/10	海部俊树内阁成立 11月				
		9/27	索尼宣布收购美国哥伦比亚电影公司				
		11/10	柏林墙倒塌				
		12/22	罗马尼亚齐奥塞斯库政权倒台				
		12/29	东京证券交易所平均股价涨至38 915日元				
1990年	平成2年	2/4	大藏省提出限制房地产融资上限				
		8/2	伊拉克入侵科威特				
		10/1	东京证券市场的日经平均指数跌破20 000点				
		10/3	德国再统一				
		11/22	英国撒切尔夫人卸任				
		12/9	团结工会领导人瓦文萨在波兰大选中获胜				

(续)

公历年	平成年份	月/日	日本及世界动态	年龄	学年（工龄）	陪在身边的家人	自己经历的事
1991年	平成3年	1/17	多国部队开始空袭伊拉克（海湾战争爆发）				
		4/1	东京都厅舍移住西新宿				
		5/15	迪斯科舞厅"东京朱莉安娜"开业				
		6/27	日本四大证券公司的损失填补事件被曝光				
		7/10	叶利钦就任俄罗斯苏维埃联邦社会主义共和国总统				
		7/23	大阪地方检察院逮捕伊藤万公司前社长河村良彦				
		8/20	爱沙尼亚共和国脱离苏联，宣布恢复独立				
		8/24	戈尔巴乔夫辞去苏联共产党总书记职务				
		11/5	海部内阁全体辞职。宫泽喜一内阁成立				
		12/25	苏联总统戈尔巴乔夫辞职。苏联解体。冷战结束				
1992年	平成4年	1/8	美国总统老布什访日，因晚宴气氛不好而退席				

1993年		7/25	第25届巴塞罗那奥运会开幕
	平成5年	8/10	日经平均股价跌破15 000日元
		10/30	大藏省公布截止到9月末，21家城市银行的不良债权合计达123 000亿日元
		1/20	比尔·克林顿就任美国总统
		6/18	"宫泽喜一内阁的"不信任案"被通过。众议院解散
		7/16	横滨港标志塔开业
		8/9	细川护熙联合内阁成立
		11/1	欧盟开始运行
1994年	平成6年	4/28	羽田孜内阁成立
		6/27	奥姆真理教制造了松本沙林毒气事件
		6/30	村山富市内阁成立
		7月	大型娱乐休闲地初岛俱乐部开业
		9/4	关西国际机场投入使用
1995年	平成7年	1/17	阪神大地震
		3/20	东京地铁沙林毒气事件
		8/24	微软Windows 95上市
		12月	东京协和、安全信组事件
1996年	平成8年	1/11	桥本龙太郎内阁成立

（续）

公历年	平成年份	月/日	日本及世界动态	个人历史记录栏			
				年龄	学年（工龄）	陪在身边的家人	自己经历的事
		6月	决定向住宅金融专门公司投入公共资金				
		6/6	三井住友银行成立				
		7/19	第26届亚特兰大奥运会				
1997年	平成9年	4/1	消费税从3%提高到5%				
		4/1	海尔-波普彗星过近日点				
		11/3	三洋证券破产				
		11/17	北海道拓殖银行宣布将营业权转让给北洋银行				
		11/24	山一证券决定自主停业				
1998年	平成10年	4/1	《日本银行法》开始实施				
		7/30	小渊惠三内阁成立				
		10/12	《金融再生法》颁布				
		10/16	《金融早期健全法》颁布				
		10/23	日本长期信用银行实施特别管理及国有化				
		12/13	日本债券信用银行实施特别管理及国有化				
1999年	平成11年	3/3	日本央行实施零利率政策				

附录 平成大事年表

2000年 平成12年	7/10	电影《星球大战》在日本上映
	12/31	俄罗斯总统叶利钦辞职。由普京代理总统
2001年 平成13年	3/26	普京在俄罗斯大选中当选总统
	4/1	日本开始实施护理保险制度
	4/5	森喜朗内阁成立
	9/15	第27届悉尼奥运会开幕
	11/20	自民党"加藤派"代表加藤纮一发动"加藤之乱"
	1/6	经过"中央省厅再编"机构改革，大藏省更名为财务省
	1/20	乔治·布什（小布什）就任美国总统
	3/19	日本央行开始实施量化宽松政策
	4/26	小泉纯一郎内阁成立
	9/11	美国遭到恐怖袭击
	10/23	iPod 上市
2002年 平成14年	1/1	欧洲12国统一货币"欧元"开始流通
	4/1	瑞穗银行成立
	12/1	东北新干线的盛冈—八户区间投入运营
2003年 平成15年	3/20	美国对巴格达发动地面战争

(续)

公历年	平成年份	月/日	日本及世界动态	个人历史记录栏			
				年龄	学年（工龄）	陪在身边的家人	自己经历的事
		9/17	日本政府决定对理索纳集团注入公共资金				
		12/13	伊拉克前总统萨达姆·侯赛因被美军抓获				
2004年	平成16年	1/2	外汇干预规模逐渐扩大				
		3/13	九州新干线的鹿儿岛投入运营				
		8/13	第28届雅典奥运会				
		8/19	谷歌首次公开募股（IPO）				
2005年	平成17年	1/31	SBC通信公司宣布以160亿美元收购AT&T				
		4/25	JR福知山线一电车出轨，事故造成包括列车司机在内107人死亡				
		8/8	小泉纯一郎首相解散众议院				
		11/22	默克尔就任德国总理				
2006年	平成18年	1/1	东京三菱银行和UFJ银行合并组成三菱东京UFJ银行				
		3/9	日本央行的量化宽松政策结束				
		9/26	安倍晋三内阁成立				
		12/30	伊拉克前总统萨达姆被执行绞刑				

附录　平成大事年表

年份	年号	日期	事件
2007年	平成19年	2/9	丰田汽车的营业利润突破2万亿日元
		6/29	iPhone在美国发售
		8/22	美国贝尔斯登公司的问题也让大量次级贷款造成的坏账浮出水面
		9/26	福田康夫内阁成立
2008年	平成20年	1/1	后期高龄者医疗制度开始实施
		8/8	第29届北京奥运会
		9/15	美国投资银行雷曼兄弟公司申请破产保护
		9/24	麻生太郎内阁成立
		10/3	美国政府决定投入7 000亿美元公共资金
		11/1	美联储开始第一轮量化宽松政策（QE1）
2009年	平成21年	1/15	全美航空1549号班机发生事故，迫降于曼哈顿中城哈德逊河河面
		1/20	巴拉克·奥巴马就任美国总统
		7/22	吐噶喇群岛发生日全食
		8/3	东京地方法院进行了第一次裁判员刑事审理
		8/30	第45届众议院选举，民主党获全胜，实现了日本政坛的首次政权交替

(续)

公历年	平成年份	月/日	日本及世界动态	个人历史记录栏			
				年龄	学年（工龄）	陪在身边的家人	自己经历的事
2010年	平成22年	9/16	鸠山由纪夫内阁成立				
		10/5	希腊因政府交替发现了巨额的财政赤字				
		1/19	日本航空公司向东京地方法院申请适用《公司更生法》				
		6/8	菅直人内阁成立				
		11/2	美联储实施第二轮量化宽松政策（QE2）				
2011年	平成23年	3/11	东日本大地震				
		5/2	美国总统奥巴马宣布，基地组织领导人本·拉登已被美军击毙				
		7/24	地面数字电视广播完全取代模拟电视广播				
		9/2	野田佳彦内阁成立				
2012年	平成24年	5/18	Facebook首次公开募股（IPO）				
		7/27	第30届伦敦奥运会				
		9/6	欧洲中央银行决定无限制购入南欧国债				
		9/12	美联储实施第三轮量化宽松政策				
		10/30	日本央行决定追加宽松货币政策				

附录　平成大事年表　247

2013年	平成25年	12/26	安倍晋三内阁成立
		2/25	朴槿惠就任韩国总统
		4/3	日本央行引入异次元宽松货币政策
		9/8	东京成为2020年夏季奥运会举办方
2014年	平成26年	1/30	小保方晴子在《自然》期刊发表了世界首例有效制作STAP细胞的论文（但因受到许多质疑，经申请后，7月2日正式撤销此论文）
		4/1	消费税从5%提高到8%
		6/20	原油价格达到顶峰，之后开始大幅下降
		10/29	美联储决定结束宽松货币政策
		10/31	日本央行决定继续追加宽松货币政策
2015年	平成27年	1/22	欧洲央行宣布启动量化宽松货币政策（QE）
		5/8	东芝财务造假丑闻被曝光
		9/2	2020年东京奥运会和残奥会官方会徽被撤回
		9/17	智利西部近海发生8.3级地震
		11/13	法国巴黎市发生一系列恐怖袭击事件

(续)

公历年	平成年份	月/日	日本及世界动态	年龄	学年（工龄）	陪在身边的家人	自己经历的事
2016年	平成28年	3/26	北海道新干线投入运营				
		4月	夏普被中国台湾地区鸿海科技集团收购				
		4/14	日本九州熊本县发生6.5级地震				
		4/16	日本九州熊本县发生7.3级地震				
		5/26	第42届七国集团会议在日本伊势志摩开幕				
		6/23	英国就是否脱离欧盟举行全民公投，52%的投票者支持"脱欧"				
		7/10	日本第24届参议院选举举行，"修宪势力"占据了2/3以上议席				
		7/13	卡梅伦卸任英国首相，特雷莎·梅就任第76任首相				
		7/31	小池百合子当选东京都知事				
		8/5	第31届夏季奥运会在里约热内卢开幕				
		8/12	东芝公司旗下的核能子公司，美国西屋电气出现巨额损失				
		11/9	特朗普当选美国总统				

个人历史记录栏

2017年	平成29年	1/14 东京都政府公布第9次地下水检查结果，丰州市场的地下水多处地点检测出超过环境标准值的有害物质
		1/20 奥巴马任期已满，特朗普就任美国总统
		2/13 朝鲜领导人金正恩的同父异母长兄金正男在马来西亚遇刺身亡
		3/23 "森友学园"理事长笼池泰典被传唤到国会作证
		5/7 法国总统大选结果公布，马克龙当选法国总统
		5/9 朴槿惠被罢免总统职务，文在寅当选新一任韩国总统
		7/31 "森友学园"理事长笼池泰典和其妻子被逮捕
		8/29 朝鲜发射一枚弹道导弹，飞越日本北海道上空后落入太平洋
		9/29 日产汽车被曝出"使用无资质检验员进行车辆出厂检验"的丑闻
		10月 虚拟货币领域开始出现泡沫现象
		12/1 日本政府宣布明仁天皇将于2019年4月30日正式退位

(续)

公历年	平成年份	月/日	日本及世界动态	个人历史记录栏			
				年龄	学年（工龄）	陪在身边的家人	自己经历的事
2018年	平成30年	1/26	日本交易所Coincheck服务器遭到黑客入侵，交易平台上5.23亿枚新经币（NEM）被盗				
		6/12	美国总统特朗普与朝鲜最高领导人金正恩在新加坡举行会面，并签署联合声明				
		6/28	日本西部中心发生连日暴雨灾害，日本气象厅将此次暴雨灾命名为"平成30年7月暴雨"				
		7/6	日本奥姆真理教原教主麻原彰晃等13人被执行死刑				
		9/4	21号台风登陆日本，日本关西地区交通枢纽关西国际机场被海水倒灌，被迫关闭				
		9/6	日本北海道发生6.7级地震				
		9/20	在自民党总裁选举中，安倍晋三击败该党前干事长石破茂，这是他第四次担任该职。				
		10/6	筑地市场结束营业，83年的历史落下帷幕，后将搬迁至丰洲市场				
		10/22	日本太空探测器"隼鸟2号"飞抵距离地球约3亿千米的目标小行星"龙宫"附近				